Projektmanagement

Praktischer Leitfaden

Von

Dipl. Kfm. Wilfried Mende

und

Dr. Volker Bieta

R. Oldenbourg Verlag München Wien

Die Deutsche Bibliothek - CIP-Einheitsaufnahme

Mende, Wilfried:
Projektmanagement : praktischer Leitfaden / von Wilfried
Mende und Volker Bieta. - München ; Wien : Oldenbourg, 1997
ISBN 3-486-23967-8
NE: Bieta, Volker:

Gesamtherstellung: Huber KG, Dießen

ISBN 3-486-23967-8

Vorwort

Durch die Globalisierung von Märkten und Produkten rückt die Welt enger zusammen, was etwa die Reduktion der physischen Entfernung durch moderne Verkehrsmittel bei zunehmender Bedeutungslosigkeit nationalstaatlicher Grenzen durch moderne Kommunikationsmittel zeigt. Durch sich vergrößernde Wirtschafts- und Distributionsräume und verkürzte Forschungs- und Entwicklungszeiten, erhöht sich simultan die Veränderungsgeschwindigkeit im Wettbewerb, so daß die strategisch erfolgswirksame Positionierung von Unternehmen/Organisationen zunehmend durch den Faktor Zeit bestimmt wird. Innovations- und Änderungsfähigkeit werden daher in verstärktem Maße Wettbewerbsparameter und zeitkritischer Erfolgsfaktor der Zukunftssicherung.

Bei sich verändernden Spielregeln des strategischen Wettbewerbs erkennen die Entscheidungsträger, daß zukünftige Entwicklungen auch neue Fähigkeiten der Kooperationskompetenz erfordern. Dabei kommt der Reaktionsgeschwindigkeit bei nunmehr nicht linearen Organisationsabläufen als „quick response“ und „time to market“ und dem Transformationserfolg strategischer Analysen und Konzepte eine entscheidende Bedeutung zu.

Vor diesem Hintergrund wird eine an Kundenbedürfnissen orientierte Konfiguration von Wertschöpfungsketten zu einer zentralen strategischen Kernaufgabe der Unternehmensführung. Bei sich verstärkendender Standortunabhängigkeit charakterisieren somit unternehmensübergreifende Kooperationsformen in Form strategischer Netzwerke und Allianzen zur Wertschöpfung daher ein heterogenes Entscheidungsumfeld. Bei Reduktion der Wertschöpfungstiefe und Orientierung an Kernkompetenzen umfaßt Management die strategische Führung von Netzwerken, deren Beziehungsgeflecht zu anderen Unternehmen/Organisationen komplex und facettenreich ist. Das hat zur Konsequenz, daß vertikal integrierte Unternehmen/Organisationen ihre Strukturen verschlanken („lean management“ und „lean production“ durch „outsourcing“ und „subcontracting“), um durch Flexibilität und Reaktionsfähigkeit ein wahrnehmbares Separationsprofil zu entwickeln. Dabei ist durch unternehmensinterne kundenorientierte Restrukturierung die operative Wettbewerbsfähigkeit und unternehmensextern die strategische Wettbewerbsfähigkeit zu sichern, was ein flexibles prozeßorientiertes Instrumentarium zur Überwindung strategischer Lücken erfordert. Projektmanagement als Bestandteil der strategischen Zielausrichtung von Unternehmen/Organisationen ermöglicht in turbulenten Umfeldern als Gestaltungsprinzip, gerade aufgrund der Prozeßorientierung, die unternehmensinterne Schnittstellenharmonisierung durch Überwindung von Kommunikationsbarrieren und Stärkung der Kooperationsbereitschaft. Dadurch wird der bei traditionellen Managementmethoden oft vernachlässigte komplexe Faktor Mensch in betriebswirtschaftliche Betrachtungen integriert, wobei in Unternehmen/Organisationen als Sozialsystem mit eigener „Kultur" diese „soft-factors" die Erfolgsposition nachhaltig beeinflußen. Damit zeigt sich zum einen die Ausstrahlung des Projektmanagements auf die „corporate identity", wobei in ganzheitlicher Betrachtungsweise evolutionäre Anpassungen an sich verändernde Marktsituationen unterstützt werden und Projektmanagement daher als ein Instrument des integrativen Managements im Sinn einer komplexen Sichtweise aufzufassen ist. Zum anderen ist erfolgreiches Projektmanagement als sich an Vernetzungsaspekten orientierendes Prozeßmanagement, aufgrund der Rückkopellungseffekte zwischen ressourcenorientierter Strategieentwicklung und Prozeßorganisation auch Instrument zur Identifikation von Wertschöpfungs- und Erfolgspotentialen, um wettbewerbsrelevante Synergieeffekte zu erschließen.

Diesem Buch liegt das Credo zugrunde, die basalen Prinzipien und Problemfelder des Projekktmanagements anwendungsorientiert und benutzerfreundlich zu erfassen. Dies erfolgt unter der Zielprämisse, dem Leser/der Leserin ein in Modulen strukturiertes Instrumentarium anzubieten. Unter Vermeidung der sonst zeitaufwendigen Orientierung in Beiträgen der Managementliteratur, bietet es die Möglichkeit, daß Handlungsrepertoire schwerpunktmäßig unter dem jeweils aktuellen Aspekt zu erweitern. Diese intendierte Arbeitsmethodik, determiniert die Präsentation des Angebotes, daß sowohl Denkanstoß und Einladung zum „Mitdenken" als auch Anregung und Aufforderung zum Widerspruch sein soll. Dabei wird es nicht dem Anspruch einer standardisierten Rezeptur gerecht und der Leser/die Leserin entscheidet, was als Empfehlung anzunehmen oder kritisch zu hinterfragen ist.

München/Bielefeld

Wilfried Mende

Dr. Volker Bieta

Inhaltsverzeichnis

1. Dimensionen und Perspektiven des Projektmanagements

1.1 Orientierung

... the managers effectiveness is significantly influenced by his insight into his own work. [Mintzberg]

Ursachen für die Einführung von Projektmanagement

- Schwierigkeiten mit dem „normalen" Organisationsablauf (schlechtes Betriebsklima, Fehlentscheidungen, zu hohe Kosten, Unproduktivität, Verzettelung, „Muddling Through", Unflexibilität etc.)
- Die Entwicklung von etwas Neuem oder Anderem, für das die bisherigen Organisationsabläufe nicht geeignet sind (Organisationsentwicklung).
- Einmalige Sonderaufgabe (Einführung eines EDV-Systems).

Projektmanagement

Die Fragestellung des Projektmanagements lautet: Was ist wann, wie, durch wen, mit welcher Kapazität mit welchem Budget durchzuführen?

Folgende Begriffselemente bilden den Rahmen des Projektmanagements [Litke 1991, 16ff]:

- Ein **Projekt** ist ein zeitlich und leistungsmäßig abgrenzbares Vorhaben: Eine definierte Leistung ist zu einem festgelegten Zeitpunkt unter Berücksichtigung von Mittel und Kostenrestriktionen zu erbringen.
- Die zentralen Gräßen im Projektmanagement sind: **Leistung, Zeit, Mittel** und **Kosten** . In neueren Publikationen ergänzen noch die Merkmale **Qualität** und **Zufriedenheit** diese Merkmale.
- Zum **Projektmanagement** gehören alle Aktivitäten, die zur Organisation, Planung, Steuerung und Koordination einer Problemlösung benötigt werden. Die zu bearbeitenden Sachprobleme gehören jedoch zur Projektarbeit und nicht zum Projektmanagement.

Dimensionen des Projektmanagements

Projektmanagement kann unter folgenden fünf Dimensionen klassifiziert werden:

1. **Psycho–soziale Dimension:**

   Verhalten, Kommunikation und Emotionen.

2. **Sachdimension:**

   Lösung von Problemen.

3. **Organisationsdimension:**

   Verhältnis der Projektorganisation zur übrigen Organisation.

4. **Ablaufdimension:**

   Planung und Steuerung des Projektverlaufes.

5. **Dimension der Organisationsentwicklung:**

   Einführung und Veränderung von Projektmanagement verändert die Kommunikations- und Interaktionsbeziehung in der betreffenden Organisation (Konflikte, Widerstände)

Zwei Perspektiven des Projektmanagements

Es können zwei Perspektiven im Projektmanagement unterschieden werden: die klassisch – normative Sichtweise, analysiert die Frage, wie man Projektmanagement betreiben *sollte.* Eine neuere, eher empirische Perspektive, kann unter der Frage zusammengefasst werden: was wird eigentlich beim Projektmanagement *wirklich* gemacht.

In dem klassischen Modell ist implizit die Annahme enthalten, daß das Projektteam die Fähigkeit (Können) und die Möglichkeit (Macht) hat, Probleme zu lösen und die Lösungen umzusetzen. Das ist aber gerade in Projekten, die komplex und deren Problemstellungen neuartig sind, nicht unbedingt der Fall.

Der neuere Ansatz steht erst am Anfang und ist nicht systematisch ausgearbeitet. Sein Verdienst liegt vor allem darin, darauf hinzuweisen, daß das klassische Projektmanagement in der Praxis immer wieder auf Probleme stößt, die mit dem Modell ausgeblendet werden. Dem neuen Ansatz fehlt aber bisher noch ein konsequentes Modell, das in der Praxis umgesetzt werden kann. Beide Perspektiven sind in dieses Buch eingeflossen.

2. Die Sachdimension des Projektmanagements

2.1 Problemlösen

Die originäre Aufgabe von Projektteams ist, Sachprobleme zu lösen: beispielsweise Software zu programmieren, ein neues Produkt zu entwickeln oder ein Haus zu bauen.

Hierfür sind immer wieder die Fähigkeiten des Projektteams gefragt, auftretende Probleme zu lösen. Strategien zum Umgang mit Problemen und zur Verbesserung der Problemlösungskapazität sind Gegenstand des folgenden Kapitels.

2.1.1 Der Problemlösungsprozeß

Idealtypisches Prozeßmodell des Problemlösens

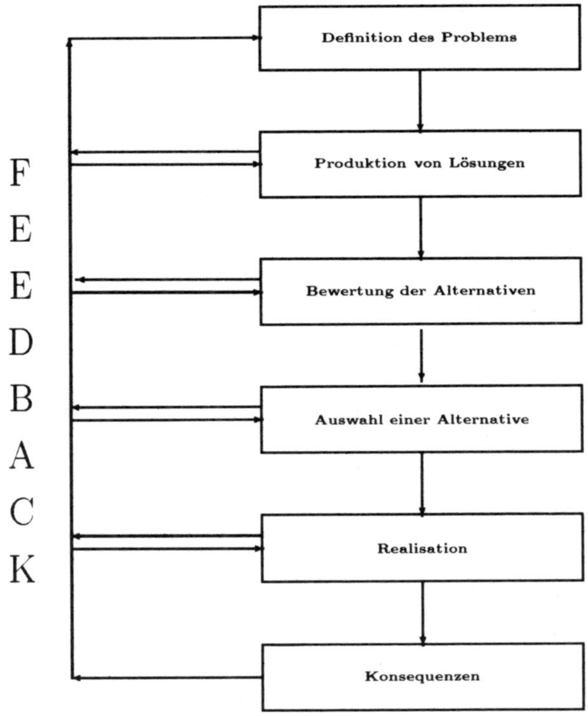

Abb. 1 Prozeßmodell des Problemlösens [vgl. Brander u.a. 1985]
Feedback bedeutet, daß nach jeder Phase des Prozesses der Wiedereintritt in eine der vorangegangenen Phasen möglich ist.

2.1.2 Die Definition des Problems

Klassifikation von Problemen

Klarheit der Ziele / Bekanntheit der Mittel	hoch	gering
hoch	Interpolationsproblem	dialektisches Problem
gering	Syntheseproblem	dialektisches und Synthese–Problem

[vgl. Brander u.a. 1985]

Interpolationsproblem

- Der Ausgangs– und Zielzustand sind bekannt.
- Die Mittel zur Zielerreichung sind bekannt.
- **Gesucht:** Die richtigen Mittel oder die richtige Kombination der Mittel.
- **Mögliches Problem:** Auswahl aus einer großen Anzahl von Mitteln.
- **Beispiel:** Schachspiel

Syntheseproblem

- Ausgangs– und Zielzustand sind bekannt.
- Die Mittel zur Zielerreichung sind *nicht* bekannt.
  Dies gilt auch, wenn die Mittel grundsätzlich bekannt sind, aber nicht in Erwägung gezogen werden.
- **Gesucht:** Die richtigen Mittel oder die richtige Kombination der Mittel.

- **Mögliche Probleme:** Die richtigen Mittel zu finden.
  Der Versuch, neue Problemstellungen mit den bisherigen Mitteln zu lösen.

- **Beispiel:** Motivation von Mitarbeitern.

Dialektisches Problem

- Ausgangs- und Zielzustand sind *nicht* bekannt.

- Die Mittel zur Zielerreichung sind bekannt.

- **Gesucht:** Problemdefinition.

- **Mögliche Probleme:** Eine angemessene Problemdefinition finden. Bei komplexen Problemen existieren verschiedene Definitionsmöglichkeiten.
  Sich auf eine gemeinsame Problemdefinition zu verständigen.

- **Beispiel:** Einführung von Controlling.

Dialektisches und Synthese–Problem

- Ausgangs- und Zielzustand sind *nicht* bekannt.

- Die Mittel zur Zielerreichung sind *nicht* bekannt.

- **Gesucht:** Problemdefinition und die richtigen Mittel.

- **Mögliche Probleme:** Eine angemessene Problemdefinition finden und sich auf eine gemeinsame Problemdefinition verständigen.
  Die richtigen Mittel zu finden.

- **Beispiel:** Organisationsentwicklung

Komplexe Probleme

Probleme lassen sich bezüglich ihrer Komplexität klassifizieren.

Der Komplexitätsgrad eines Problems wird durch sechs Kriterien bestimmt [Dörner 1989]:

1. Hohe Anzahl von Elementen eines Problems
2. Grad der Verknüpfung der Elemente (Vernetztung)
3. Anzahl widersprüchlicher Ziele (Konflikte)
4. Intransparenz, d.h. die Beschaffenheit eines Problems ist für den Problemlöser nicht klar erkennbar.
5. Hohe Unsicherheit, d.h. geringes Ausmaß an Kontrolle über die Situation
6. Hohe Eigendynamik, d.h. der Ist–Zustand wandelt sich auch ohne Eingreifen des Problemlösers.

Hinweise zur Definition von Problemen

Je komplexer ein Problem und je unterschiedlicher der Erfahrungshintergrund der Beteiligten sind, desto schwieriger ist es, sich auf eine gemeinsame Problemdefinition zu verständigen.

Folgende Punkte sind bei der Problemdefinition zu beachten:

- Welche Art von Problem soll gelöst werden?
- Was ist bekannt? Was wird gesucht?
- Wer definiert das Problem wie?
  Problemdefinitionen hängen u.a. davon ab, wer das Problem definiert (Interessen, Erfahrungshintergrund).
- Gibt es andere Problemdefinitionen?
- Welche Elemente gehören zum Problem?

- Welche Informationen sind noch erforderlich?
- Kann sich das Problem im Zeitablauf verändern?
- Existieren Mittel, die bisher noch nicht erfaßt wurden?

Progressive Abstraktion

Ein schlecht definiertes Problem läßt sich mit der Methode der Progressiven Abstraktion [vgl. Knieß 1995 123ff] in unterschiedliche Betrachtungsebenen zerlegen.

Die zentrale Frage, der Progressiven Abstraktion lautet: *Worum geht es eigentlich?*

Durch das wiederholte Hinterfragen eines Problems wird das Abstraktionsniveau schrittweise erhöht und neue Aspekte in die Lösungssuche einbezogen.

Beispiel: Beseitigung von Papier aus der Verwaltung.

1. Wie kann Papier aus der Verwaltung am besten entsorgt werden?

   Lösung: In den Mülleimer werfen!

   Worum geht es eigentlich?

2. Wie kann sichergestellt werden, daß nicht mehr soviel Papier in den Verwaltungen beseitigt werden muß?

   Lösung: Wiederverwendung der Rückseiten!
   Recycling des Papiers (Altpapier)

   Worum geht es eigentlich?

3. Wie kann sichergestellt werden, daß nicht mehr soviel Papier verwendet wird?

   Lösung: Telefon, E–mail, Kurznotizen

   Worum geht es eigentlich?

4. Wie können die Kosten der Entsorgung reduziert werden?

   Lösung: Entsorgungsunternehmen beauftragen.

   Worum geht es eigentlich? etc.

2.1.3 Problem–Lösungsstrategien

Welche Faktoren beeinflussen die Lösungsstrategie?

Der „Produktion" von Lösungen hängt von der gewählten Problemlösungsstrategie ab.

Folgende Faktoren beeinflussen die Wahl der Problemlösungsstrategie:

- Komplexität des Problems
- Erfahrung, Wissen und Neigungen der ProblemlöserInnen
- Erfolgswahrscheinlichkeit der Lösungsstrategie
- die interne Repräsentation des Problems (z.B.: als mathematisches, technisches oder soziales Problem.)

Problemlösungsstrategien

Es existieren viele Problemlösungsstrategien, von denen hier folgende drei Grundstrategien vorgestellt werden, die aber auch in Kombinationen auftreten: **Mittel- und Zielanalyse** , **Generieren und Testen von Lösungen** und **Strategien zur Begrenzung des Suchbereichs** [vgl. Lüer/Spada 1990, 252ff]:

Mittel- und Zielanalyse

1. Feststellung der Unterschiede zwischen dem Anfangs- und dem Endzustand.
2. Ermittlung der Operationen, die die festgestellten Unterschiede reduzieren.

Die Zahl der Fehler wird reduziert, wenn man sich an relevanten Unterzielen des Problems orientiert.

Generieren und Testen von Lösungen

1. Man generiert ständig Lösungen, die spontan entstehen.
2. Anschließend überprüft man die generierten Lösungen (trial and error).

Problem: Diese Strategie ist wenig effektiv und häufig unwirksam, weil sie den Suchbereich kaum einschränkt.

Strategien zur Begrenzung des Suchbereichs

Der Bereich, in dem Lösungen gesucht werden, wird wie folgt begrenzt:

- Es werden erst alle Lösungen überprüft, die in der Vergangenheit schon erfolgreich waren.
- Man setzt sein Wissen ein, um eine Teillösung zu finden, die die Zahl der für die Suche verfügbaren Optionen reduziert, d.h. es werden beliebige Teillösungen konstruiert, in deren Nähe weitere Lösungen gesucht werden. (Diese Strategie wird häufig verwendet, wenn ein Wort zu entziffern ist oder ein Puzzle zusammengesetzt wird.)

Hindernisse beim Lösen komplexer Probleme

- Unklare Zielformulierung
- Nicht-Berücksichtigen von Fern- und Nebenwirkungen
- geringe Informationsaufnahme
- Isolierung und starre Schwerpunktbildung
- lineare Extrapolation
- unpassende Planung (zu grob - zu fein)
- mangelnde Selbstreflexion [vgl. Dörner 1990, 278ff]

Wie gehen „Spitzenführungskräfte mit Komplexität um?

„Spitzenführungskräfte“ handhaben nach Sackmann [1990, 303ff] Komplexität wie folgt:

- Ausführliche Problemdiagnose
- Fehlertoleranz: Sie sind keine Perfektionisten und lernen aus ihren Fehlern.
- Flexibilität: Sie sind flexibel in ihrer Wahrnehmung (verschiedene Sichtweisen), in ihrer Informationskombination und in ihren Handlungen (Strategien, Ziele, Maßnahmen, Pläne).
- Sie entwickeln eine dynamische Systemperspektive.
- Ihre Mitarbeiter schätzen sich selbst gut ein und sind loyal.

2.1.4 Techniken zum Problemlösen

Brainstorming

Idee: Je mehr unterschiedliche Assoziationen zu einem Problem erzeugt werden, desto wahrscheinlicher werden neue Ideen gefunden. Das **Brainstorming** basiert auf dem assoziativen Denken.

Folgende Grundregeln gelten für diese Technik[Schlicksupp 1988]:

- Jede Idee, sei sie auch noch so abwegig, wird akzeptiert und notiert.
- Die Ideen werden erst nach Beendigung der Ideensammlung bewertet.
- Es sollen möglichst viele Ideen produziert werden.
- Ideen anderer Teilnehmer werden aufgegriffen und weiterentwickelt.

Problem: Es werden viele Ideen produziert, wobei aber die Randbedingungen des Problems oft nicht ausreichend berücksichtigt werden.

Deshalb ist es manchmal sinnvoll, die bestehenden Randbedingungen anhand von bestehenden Standardlösungen zu diskutieren und zu versuchen, die Standardlösungen dem Problem anzupassen.

Methode 635

Eine weitere Technik des assoziativen Denkens ist die **Methode 635** [Schlicksupp 1988]:

1. Jedes Mitglied einer aus **6** Teilnehmern bestehenden Gruppe notiert **3** Ideen auf ein Blatt Papier, daß in einer vorgegebenen Reihenfolge **5** mal weitergereicht wird.
2. Aufbauend auf den vorliegenden Gedanken sollen die Teilnehmer jedes Blatt um 3 weitere Ideen zur Problemlösung ergänzen. Die vorliegenden Ideen sollen weiterentwickelt werden.

Regeln: Keine verbale Kritik! Keine negativen Signale! Unkonventionelle Ideen sind erwünscht! Anhängen an Ideen anderer!

Vorteile: Teilnehmer müssen nicht unbedingt zusammentreffen! Geeignet, um Ideen aus einer Brainstorming–Sitzung zu vertiefen und weiterzuentwickeln! Aktivierung aller Teilnehmer! Keine Unterbrechungen! Anonymität!

Nachteile: Die Wechselseitige Anregung der Gruppe ist beschränkt, weil nicht alle TeilnehmerInnen sofort mit den Ideen konfrontiert werden! Bei schriftlicher Fixierung neigen die Teilnehmer eher zu konservativen Ideen!

Mind–Mapping

Idee: Untersuchungen haben gezeigt, daß das Gehirn nicht linear, sondern in multidimensionaler und strukturbildender Weise arbeitet [vgl. Buzan 1994; Buzan 1995].
Der Funktionsweise des Gehirns entsprechend ist es angemessener, mit Schlüsselbegriffen (Informationsreduktion) zu arbeiten und diese zu vernetzen (Strukturierung).

Die Anordnung der Ideen in einem Mind–Map fördert gemäß dieser Prinzipien die Assoziationen und das Verständnis.

Beispiel: Mind–Map

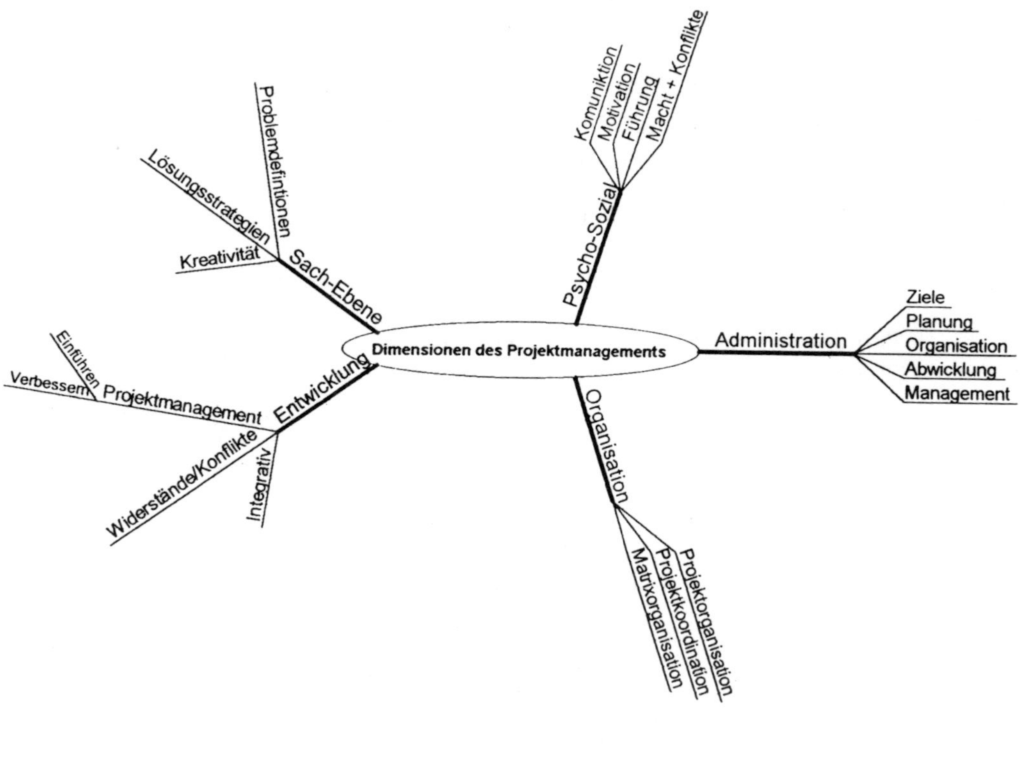

Problemlösungs-meetings auf Basis von Mind–Maps

1. Alternative:

1. Die Teilnehmer des Meetings werden zur Vorbereitung über die Diskussionsthemen unterrichtet.

2. Auf einer gut sichtbaren Tafel wird das zentrale Thema der Diskussion und die wichtigsten Teilaspekte in Mind–Map–Form präsentiert.

3. Jeder Teilnehmer, der seine Vorstellungen dargelegt hat, muß sie anschließend in Schlüsselform schriftlich zusammenfassen und das Ergebnis auf den entsprechenden Platz des Mind–Maps notieren.

2. Alternative: (sukzessive Integration [Knieß 1995, 63f])

1. Jede/r TeilnehmerIn erstellt für sich ein Lösungsvorschlag als Mind-Map.

2. Informationsmarkt: Die TeilnehmerInnen vergleichen untereinander die Lösungsvorschläge und überarbeiten dann den eigenen.

3. Jeweils zwei TeilnehmerInnen erarbeiten auf Basis von Mind–Maps eine gemeinsame Lösung, die soweit wie möglich, beide Lösungsvorschläge integriert.

4. Anschließend erarbeiten zwei Zweiergruppen eine gemeinsame Lösung, die wiederum die besten Lösungselemente aus beiden integriert.

5. Anschließend werden die einzelnen Lösungen präsentiert und mit Hilfe eines Moderators gemeinsam nacheinander integriert, bis eine gemeinsame Gruppen–Mind–Map entstanden ist, das soweit wie möglich alle Vorzüge der Einzellösungen berücksichtigt.

6. Auf jeder weiteren Integrationsstufe soll die Lösung konkreter und präziser werden.

7. Es können mehrere Runden durchlaufen werden.

Vorteile

Beide Alternativen haben folgende Vorteile:

- Jeder Beitrag der TeilnehmerInnen wird registriert und visualisiert.
- Informationen gehen nicht verloren.
- Die Ideen werden nach sachlichen Gesichtspunkten geordnet.
- Jede/r TeilnehmerIn ist gezwungen, seine Ausführungen „auf den Punkt zu bringen"
- Nach dem Meeting erhält jede/r TeilnehmerIn eine Version des erarbeiteten Mind-Maps.
- Die Lösungsvorschläge werden integriert (2. Alternative).
- Gleichzeitig wird ein Einigungsprozeß initiiert (2. Alternative).

2.1.5 Die Bewertung der Lösung

Problem gelöst?

Die Überprüfung des Fortschrittes ist bei komplexen und nicht präzise definierten Problemen schwierig: Es muß entschieden werden, ob das Problem gelöst wurde, ob ein Fortschritt in Richtung Zielerreichung erfolgt ist oder ob die gegenwärtige Lösungsstrategie beibehalten bzw. abgeändert werden soll.

Folgende Aspekte sind zu beachten:

- Mögliche Lösungen werden gegenübergestellt und anhand von festzulegenden Kriterien miteinander verglichen.
- Entscheidend ist, abzuschätzen, welche beabsichtigten und unbeabsichtigten Auswirkungen die Umsetzung der Lösung impliziert.
- Beim Projektmanagement werden folgende Kriterien überprüft: Aufwand, Kosten, Zeit, zu erwartende Konflikte, Qualität etc.
- Es ist zu überprüfen, ob Informationen existieren, die die Lösung unterstützen bzw. verwerfen.

Damit festgestellt werden kann, ob ein komplexes Problem gelöst ist, ist es erforderlich, schon bei der Problemdefinition, Kriterien für die Problemlösung zu bestimmen.

Sequentielle Morphologie

Bei der sequentiellen Morphologie [Knieß 1995, 113ff] werden folgende Bearbeitungsschritte durchlaufen:

1. **Problemdefinition**
2. **Erarbeitung aller wichtigen Merkmale der Lösung und ihre möglichen Ausprägungen**
3. **Entwicklung eines Kriterienkatalogs zur Beurteilung der Lösung**
4. **Gewichtung der Kriterien (0–10)**
5. **Gewichtung der Merkmale in Abhängigkeit der Kriterienerfüllung** Inwieweit erfüllen die Ausprägungen der Merkmale die einzelnen Kriterien (0–10)? Das Ergebnis ist die Wertezahl.
6. **Bildung einer Rangordnung** Summation der Multiplikation der Wertezahl mit der Gewichtung der Kriterien. Das Ergebnis ist die Relevanzzahl der einzelnen Merkmale.
7. **Aufbau eines morphologischen Kastens mit den beiden wichtigsten Merkmalen und deren Ausprägungen**
8. **Auswahl eines sinnvollen Lösungsansatzes durch Kombination der Ausprägungen**
9. **Schrittweises Hinzufügen der weiteren Merkmale entsprechend der Rangfolge und Auswahl der Ausprägung, bis alle relevanten Merkmale integriert sind**

Vorteile: Die Entscheidungsphase wird in den gesamten Problemlösungsablauf integriert. Es ist notwendig, sich mit der Bewertung der einzelnen Merkmale und Kriterien auseinanderzusetzen. Die sequentielle Morphologie fördert die Übersichtlichkeit der Lösungsansätze.

Nachteil: Die Bewertung mit Zahlen erzeugt ein rationales Bild der Entscheidung, obwohl die einzelnen Merkmale lediglich subjektiv bewertet werden (Pseudo–Rationalität).

Beispiel: Sequentielle Morphologie

1. **Problemdefinition:** Auswahl einer benutzerfreundlichen Projektmanagementsoftware!

2. **Auswahl der Merkmale:**

   - M1: Plattform (Dos, Windows, Unix, OS/2)
   - M2: Darstellungsformen (Tabelle, Kalender, Netzpläne)
   - M3: Planungsmethoden (Zeit–, Termin–, Kosten– und Ressourcenplanung)
   - M4: Preise (1100,-, 1350,- , 4830,-)

3. **Kriterienermittlung:**

Nummer	Kriterien	Gewichtung
1	Benutzerfreundlichkeit	1,0
2	Einführungskosten	0,5
3	Methoden	0,8

4. **Ermittlung der Wertziffern:**

Parameter	K1 (1,0)	K2 (0,5)	K3 (0,8)
Plattform	0,2	0,5	0,0
Darstellung	0,8	0,2	0,8
Methodanzahl	0,5	0,6	1,0
Preise	0,0	0,8	0,0

5. **Ermittlung der Relevanzzahlen:**

   (a) RZ1 = 1,0 * (0,2 + 0,8 + 0,5 + 0,0) = 1,5

   (b) RZ2 = 0,5 * (0,5 + 0,2 + 0,6 + 0,8) = 1,05

   (c) RZ3 = 0,8 * (0,0 + 0,8 + 1,0 + 0,0) = 1,44

6. **Auswahl einer Projektmanagement–Software:** (Bewertung: Jungbluth, V.. Teamarbeit: Projekt–Management–Systeme im Vergleich. In: CT: Magazin für Computertechnik 10, 1995 S. 238ff

Die Wahl unter den oben skizzierten Präferenzen fällt auf das Produkt 3! Dieses Produkt ist benutzerfreundlich, im Methodenumfang mit den anderen vergleichbar ist und hat den geringsten Anschaffungspreis.

Veränderungen bei der Präferenzstruktur und der Bewertung kann zu anderen Resultaten führen. Das Verfahren ist daher von der subjektiven Auswahl der Kriterien und deren Bewertung abhängig.

3. Die psycho–soziale Dimension des Projektmanagements

3.1 Teamentwicklung

Teamarbeit ist die Basis des Projektmanagements, wobei aus Individuen mit unterschiedlichen Erfahrungen, Qualifikationen und Interessen eine Gruppe zu formen ist.

Gruppenbildung

Folgende Phasen der Gruppenbildung können unterschieden werden [vgl. u.a. Marmet 1988, 50ff; Kummer u.a. 1993, 12.1]:

1. **Formierungsphase:** Unsicherheit und Orientierung
   Wer sind die anderen? Was wissen sie von mir? Welche Regeln gelten in dieser Gruppe? Worum geht es hier?

2. **Konfliktphase:** Konfrontation und Gruppenbildung
   Wer gehört dazu? Welche Regeln sollen gelten? Was wird von den Einzelnen erwartet?

3. **Normierungsphase:** Harmonie
   Es bildet sich ein Wir-Gefühl. Die Äußerungen werden persönlicher. Die Arbeitsfähigkeit nimmt zu. Es entwickelt sich ein Gruppenzusammenhalt.

4. **Arbeitsphase:** Aufgabenerfüllung
   Die Energie ist jetzt für die eigentliche Aufgabenerfüllung verfügbar.

5. **Entwicklungsphase:** Wachstum
   Die Gruppe und deren Kommunikation wird selbst zum Gegenstand. Es wird über Beziehungsfragen offen diskutiert und die Struktur der Gruppe (Rollen, Normen, Ziele etc.) werden veränderbar.

Vorteile von Teamarbeit beim Problemlösen

Teamarbeit kann folgende Vorteile haben [Heeg 1993, 32ff]:

- **Höhere Motivation der MitarbeiterInnen:**
  1. Einbindung der MitarbeiterInnen in Entscheidungsprozesse
  2. Tätigkeiten werden abwechslungsreicher (Job-Enrichment)
  3. Projektarbeit qualifiziert die MitarbeiterInnen im Umgang mit neuen komplexen Aufgaben
  4. Unterstützung durch die Gruppe
- **Verbesserte Problemlösungskapazität:**
  1. Differenziertere Wahrnehmung der Probleme
  2. Direkter Informationsaustausch (geringere Verzerrung)
  3. Positionen bleiben nicht unverbunden nebeneinander, sondern werden miteinander verglichen und verknüpft (Vernetzungsaspekte)

Der Vorteil der Gruppenarbeit zeigt sich explizit, wenn kreative und komplexe Tätigkeiten auszuführen sind.

Barrieren bei der Teamarbeit

Teamarbeit ist nicht selbstverständlich! Die Arbeit im Team kann durch Widerstände gestört werden, die die Vorteile der Teamarbeit beeinträchtigen:

- Unklare Zielsetzung der Gruppe!
- Selbständiges Arbeiten ist für einzelne MitarbeiterInnen ungewohnt!
- Die hierarchische Organisation der Projektgruppe vermindert die Motivation des Teams! Es existiert keine flexible Rollenverteilung.
- Von der Projektgruppe wird erwartet, daß sie die Ansicht des/der Vorgesetzten zu bestätigen hat!
- Die Gruppe entwickelt kein Wir–Gefühl!
- Das Vorgehen ist unstrukturiert (keine Problemlösungsmethoden).
- Die Gruppe ist zu groß!
- Die Projektgruppe dient nur zur Legitimation; Verbesserungen sind nicht gewünscht!
- Innerhalb der Gruppe dominiert Konkurrenzdenken.
- Negativismus: Es werden stets die Mängel eines Vorschlags diskutiert.
- Die Gruppe gibt sich keine Gruppenregeln, wie etwa die der **Themen–Zentrierten–Interaktion** (TZI).

Regeln: TZI

Die Methode der themenzentrierten Interaktion basiert auf folgenden Gruppenregeln [vgl. Langmaak 1991]:

1. **Sei Dein eigener Chairman:**
   Übernimm die Verantwortung für Dich selbst!

2. **Störungen angemessen Raum geben:**
   Unterbrich das Gespräch, wenn Du gelangweilt, ärgerlich, oder unkonzentriert bist!

3. **Vertritt Dich selbst in Deinen Aussagen:**
   Sprich per 'ich' und nicht per 'wir' oder 'man'!

4. **Seitengespräche haben Vorrang:**
   Sie stören und sind zugleich wichtig. Sie würden nicht stattfinden, wenn sie nicht wichtig wären.

5. **Nur einer zur gleichen Zeit!**
   Niemand kann mehr als einer Äußerung zur gleichen Zeit zuhören!

6. **Sei authentisch und selektiv in Deiner Kommunikation.**
   Habe Kontakt zu Deinen eigenen Gedanken und Gefühlen und wähle aus, was Du sagst und tust!

7. **Beachte die Signale aus Deinem Körper und achte auf solche Signale auch bei den anderen.**
   Auf die Sprache des Körpers zu achten, verschafft zusätzliche Informationen, die aufgegriffen werden sollten.

8. **Sprich Deine persönlichen Reaktionen aus und halte Interpretationen solange wie möglich zurück.**
   Interpretationen können Abwehr auslösen.

3.2 Kommunikation

Gesagt bedeutet nicht gehört. Gehört bedeutet nicht verstanden. Verstanden bedeutet nicht einverstanden. Einverstanden bedeutet nicht angewendet. Angewendet bedeutet noch nicht beibehalten. (Cohn)

Kommunikation ist die Grundlage des Projektmanagements

Alles, was in einer Organisation geschieht, ist ein Ereignis, auf das andere reagieren – oder auch nicht: und das ist Kommunikation.

Kommunikation ist die Grundlage des (Projekt–)Management: Führen, Konflikte lösen, Delegieren, Koordinieren, Kontrollieren, Informieren, Motivieren sind Führungsaufgaben, die auf Kommunikation basieren.

In verschiedenen Untersuchungen über das Verhalten von Führungskräften wurde festgestellt, daß zwischen 50–75% der Tätigkeiten eines Managers mündliche Kommunikation ist. Trotzdem zeigen Untersuchungen, daß sich sich 30–50% der Mitarbeiter schlecht informiert fühlen. Kommunikation als Grundlage des Projektmanagement wird also in einem nicht unerheblichen Maße vernachlässigt.

Kommunikationsprobleme im Projektmanagement

In der betrieblichen Praxis des Projektmanagements können folgende Probleme auftreten [vgl. Litke 1991, 206ff].

1. Die richtigen **Informationen** kommen nicht in der richtigen Form zur rechten Zeit beim richtigen Mitarbeiter an.

2. Die Projektvereinbarung ist unklar und/oder widersprüchlich und es kommt zu **Mißverständnissen** .

3. Die Beteiligten haben aufgrund ihrer verschiedenen (beruflichen) **Sozialisation** ein unterschiedliches Verständnis von Begriffen.

4. Verwirrung und Mißverständnisse entstehen aufgrund unsystematischer Vorgehensweise.

5. Es kommt zu Kommunikationsproblemen, weil die Führungskraft **autoritär** kommuniziert.

Was ist Kommunikation?

Kommunikation ist Austausch von „Botschaften": Wenn wir kommunizieren, teilen wir anderen etwas mit, und wir empfangen ihre Mitteilungen.

Durch Kommunikation können Menschen in Beziehung treten und aufeinander wirken.

Kommunikation ist der eigentliche „Träger des sozialen Geschehens". [Marmet 1988ff].

Elemente der Kommunikation

Es können verschiedenen Elemente der Kommunikation unterschieden werden [Paschen, H. 1978, 41ff]:

- **Sender:** sendet Informationen durch Sprache, Mimik, Gestik, Schrift etc.
- **Empfänger:** Erhält die Information des Kommunikators
- **Kommunikationskanäle:** Akustisch, optisch, taktil
- **Kommunikationsmedium:** Körper, Stimme, Schrift, Telefon, Video.
- **Kommunikationsinhalte:** Sachinformation, Informationen über Gefühle und Beziehungen.

Vier Aspekte der Kommunikation

Kommunikation findet nach Schulz von Thun [1981] unter vier Aspekten statt:

1. Informationsaspekt: Informationsübermittlung
   Das Projekt ist in Schwierigkeiten!

2. Selbstoffenbarungsaspekt: Man zeigt etwas von sich selbst.
   Hilf mir, ich weiß nicht mehr weiter!

3. Beziehungsaspekt: Was man von dem anderen hält; wie man zueinander steht.
   Wann wirst Du Dich endlich mal um das Projekt kümmern?

4. Apellaspekt: Wozu man den Kommunikationspartner veranlassen möchte.
   Kümmere Dich doch mal bitte um das Projekt!

Eigenschaften von Kommunikation

Kommunikation hat nach Watzlawick u.a. [1990] folgende Charakteristiken:

- Es ist unmöglich, nicht zu kommunizieren: Wer redet, teilt etwas mit, wer schweigt, ebenfalls.

- Kommunikation ist „zweisprachig": verbal und nonverbal.

- Der Beziehungsaspekt (Wie wird etwas gesagt?) definiert den Inhaltsaspekt (Was wird gesagt?) der Kommunikation.

- Kommunikation kann symmetrisch oder komplementär sein: Symmetrische Kommunikation bedeutet spiegelbildliche Kommunikation: Beide Kommunikationsteilnehmer sind gleichberechtigt.
  Komplementäre Kommunikation ist unausgewogene Kommunikation: d.h. einer der Kommunizierenden hat mehr Macht.

- Bei symmetrischer Kommunikation kommt es leichter zu offenen Auseinandersetzungen. Konflikte werden ausgetragen. Bei komplementärer Kommunikation bleiben Konflikte lange verborgen.

Störung der Kommunikation

Kommunikationstörungen resultieren aus verschiedensten Ursachen:

- Technische Störungen: Das Kommunikationsmedium ist gestört oder nicht ausreichend.
- Mehrdeutigkeit der Information:
  - Die Information wird „falsch" interpretiert
  - Die Mehrdeutigkeit wird vom Empfänger als Angriff interpretiert
- Es existieren drei für die Kommunikation bedeutende Wahrnehmungsmodi: Sehen, hören und fühlen.
  Beispiele: Das sieht gut aus! Das fühlt sich schlecht an! Das hört sich gut an! Verwenden zwei Kommunikationspartner unterschiedliche Wahrnehmungsmodi, kann dies zu Kommunikationsschwierigkeiten führen.
- Übertragung: Der Empfänger überträgt Gefühle gegenüber früheren Bezugspersonen auf den jetzigen Sender.
- Stereotypisiserung: Die Nachricht wird entsprechend der Vorstellung über eine Gruppe, denen der Empfänger in bestimmten Punkten entspricht, kodiert.

Elemente effektiver Kommunikation

Fünf Elemente sind die Basis effektiver Kommunikation [Litke 1991, 207ff]:

1. Vollständigkeit der Wahrnehmung: Beachtung verbaler und nonverbaler Informationen
2. Feedback: Überprüfung der Kommunikation. Wiederholung, Zusammenfassung
3. Aktives Zuhören:
   - Gedanken und Gefühle wiederholen: z.B. Habe ich Dich richtig verstanden, daß ...?
   - Bedeutung erfragen: Was meinst Du? Was könnte Dich umstimmen? Was hat Dich dazu veranlaßt? ...

- Vorsichtig bei Warum–Fragen! Sie können leicht zu Widerstand führen!

4. Ruhig und konzentriert zuhören (Zeitpunkt, Dauer, Bereitschaft).

5. Klarheit des Ausdrucks.

6. Günstiges Kommunikationsklima schaffen: Die Angst etwas falsch zu machen oder sich zu offenbaren sollte minimiert werden.

Barrieren von effektiver Kommunikation

Um effektiv kommunizieren zu können, müssen folgende Barrieren überwunden werden:

- Die Tendenz, Kommunikation für selbstverständlich zu halten.
- Die Tendenz, die Bedeutung der Aussagen zu definieren, bevor sie verstanden wurden.

Übungen zur Kommunikation

- Frage nach!
- Übe, so oft es geht, das aktive Zuhören!
- Notiere Wörter und Sätze, die die verschiedenen Wahrnbehmungsmodi repräsentieren!
- Identifiziere die Wahrnehmungsmodi in Gesprächen, Vorträgen und im Fernsehen etc.

3.3 Führung

Begriffe

Führung ist der Einfluß auf MitarbeiterInnen mit dem Ziel, ihr Verhalten zielorientiert zu beeinflussen [Schmalen 1993, 265].

Führungsstil ist ein verfestigtes Verhaltensmuster, dem in verschiedenen Führungssituationen gefolgt wird [Schmalen 1993, 265].

Arten von Führungsstilen

Führungsstile werden oft in einem bipolaren Spannungsfeld positioniert [Becker/Langosch 1990, 120f]:

- Autoritär-kooperativ
- Mitarbeiterorientiert-Aufgabenorientiert

Autoritär-kooperativer Führungstil

Der autoritäre Führungsstil ist dadurch charakterisiert, daß der Vorgesetzte autonom entscheidet, ohne die Mitarbeiter von seinen Entscheidungen zu überzeugen. Dieser Führungsstil ist vor allem in zeitkritischen Situationen relevant (z.B. Feuerwehr).

Der kooperative Führungsstil ist dadurch charakterisiert, daß die Mitarbeiter entscheiden und der Vorgesetzte als Koordinator fungiert. Dieser Führungsstil ist vor allem in komplexen Entscheidungssituationen relevant, in denen die Motivation der Mitarbeiter von zentraler Bedeutung ist.

Beide Führungsstile sind lediglich die Extrema eines Kontinuums von Führungsstilen. Ein Führungsstil, der zwischen diesen beiden Stilen liegt, könnte folgendermaßen beschrieben werden: Der Vorgesetzte informiert die Mitarbeiter über die beabsichtigten Entscheidungen, die eine Möglichkeit zur Reflexion bekommen, bevor der Vorgesetzte die Entscheidung trifft.

Verhaltensgitter

Eine Visualisierung der Führungsstile erfolgt über das Verhaltensgitter.

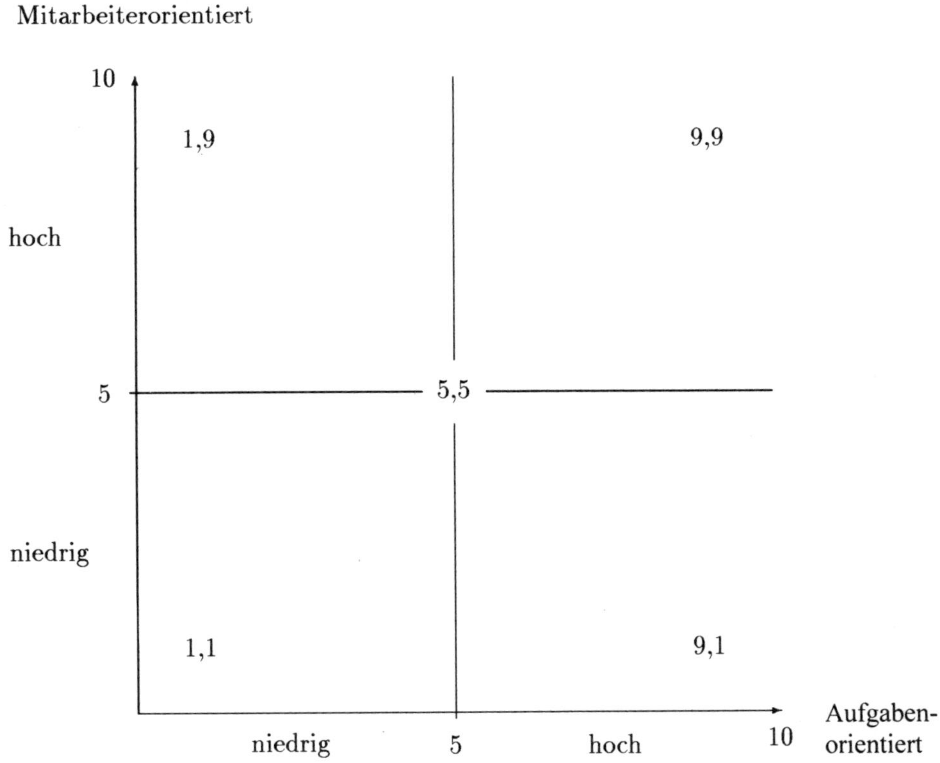

Führungsstile aus dem Verhaltensgitter

1.1 Der/Die Vorgesetzte engagiert sich weder in der Aufgabe noch bei den MitarbeiterInnen.

1.9 Der/Die Vorgesetzte legt das Schwergewicht auf gute Beziehungen zu seinen MitarbeiterInnen mit dem Ziel, sie durch freundliche Zuwendung zur Mitarbeit zu gewinnen.

9.1 Der/Die Vorgesetzte konzentriert sich primär auf die Erfüllung der Aufgaben.

5.5 Der/Die Vorgesetzte versucht ein Gleichgewicht zwischen den Mitarbeiterzielen und den Zielen der Organisation herzustellen.

9.9 Der/Die Vorgesetzte ist in der Lage, Arbeit und Leistung zu integrieren, indem er die MitarbeiterInnen sachlich und persönlich motiviert.

Elemente von Führungssituationen

1. Führer–Mitarbeiter–Beziehungen
2. Aufgabenstruktur (strukturiert–komplex)
3. Positionsmacht (Möglichkeit, zu belohnen oder zu bestrafen)

Führungssituationen und Führungsstil

Die Ausrichtung des Führungsstil ist abhängig von der gegebenen Führungssituation. Folgende 6 Varianten können aus der Variation der drei Elemente – Führer–Mitarbeiter–Beziehungen, Aufgabenstruktur und Positionsmacht – unterschieden werden [vgl. Becker/Langosch 1990, 120f]:

Nr.	F-M- Bez.	Aufg.struktur	Macht	Führungsstil
1	gut	stark	groß	aufgabenorientiert
2	gut	schwach	groß	aufgabenorientiert
3	gut	schwach	mittel	mitarbeiterorientiert
4	schlecht	stark	mittel	mitarbeiterorientiert
5	schlecht	schwach	mittel	mitarb./aufg.-orientiert
6	schlecht	schwach	gering	aufgabenorientiert

Management by Objectives

Idee: Der/Die MitarbeiterIn wird von dem/der ProjektleiterIn in den Prozeß der Zielbestimmung einbezogen. Sie vereinbaren gemeinsam das zu erreichende Ziel [vgl. Schmalen 1993, 267f].

Vorteile:

1. Ziele müssen klar formuliert werden
2. Stärkere Identifizierung der MitarbeiterInnen mit den Zielen

Nachteile:

1. Ziele klar zu formulieren, ist zeitaufwendig und schwierig
2. Meßbare Aspekte werden gegenüber qualitativen Aspekten höher gewichtet
3. Nicht alle MitarbeiterInnen verfügen über die gleichen Motivationsstrukturen

---

Führung und NLP

Das Führungsmodell des Neuro–Linguistischen–Programmierens (NLP) besteht nach [Ulsamer 1995, 21ff] aus folgenden Komponenten:

- Die Grundlage von Führung im Sinne von **NLP** (Neuro–Linguistisches Programmieren) ist, einen guten Kontakt zum Geführten herzustellen, indem man sich auf diesen einstellt. Das heißt, sich den anderen anzugleichen; im Gleichschritt mit ihm gehen (Rapport), indem man seine Atmung, Stimmung, seine Sprache (Geschwindigkeit, Rhytmus, Wahrnehmungsmodus) und seinen Körper (Mimik, Gestik, Haltung) spiegelt.
- Ist der Kontakt hergestellt, besteht die Möglichkeit, den Anderen ein Stück in die gewünschte Richtung „mitzunehmen“. Besteht ein guter Kontakt, wird der Andere für einige Zeit folgen. Folgt der Andere aber nicht mehr, dann ist das ein Zeichen dafür, daß der Kontakt abgebrochen ist. Dieser ist dann wieder herzustellen. Durch die Änderung in Haltung, Sprache etc. wird die Reaktion des Anderen erkennbar und damit sichtbar, ob ein Kontakt besteht.

- Problem: Will man einseitig seine eigene Richtung durchsetzen, dann bricht der andere den Kontakt wieder ab!
- Der Kontakt muß dann erst wieder aufgebaut werden.

Vgl. hierzu auch das Harvard–Konzept

Partizipative Führung

Partizipative Führung ist nach Becker/Langosch [1990, 32ff] eine zielorientierte soziale Einflußnahme zur Erfüllung gemeinsamer Aufgaben in einer strukturierten Arbeitssituation unter wechselseitiger, tendenziell symmetrischer Einflußausübung und konsensfähiger Gestaltung der Arbeits– und Sozialbeziehungen. Das heißt:

- Mitsprache bei Entscheidungen
- Umfassende Information und zweiseitige Kommunikation
- keine zu engen Kontrollen
- Rücksichtnahme und „Eingehen“ auf den Einzelfall
- Fairneß und Berechenbarkeit

Drei Modelle der partizipativen Führung

1. **„Vorgesetztenlösung“:** Der/Die Vorgesetzte formuliert eine Lösung und stellt diese zur Diskussion. Die MitarbeiterInnen sichern den Vorschlag fachlich ab und überprüfen seine Umsetzbarkeit.
2. **„Zuständigkeit“:** Jede/r MitarbeiterIn formuliert Argumente und Lösungsvorschläge aus seinem Zuständigkeitsbereich. Der/Die Vorgesetzte führt die Standpunkte der verschiedenen Sachgebiete zusammen.
3. **„Integrativ“:** SitzungsleiterIn moderiert den Problemlösungsprozeß. Er/Sie bringt keine inhaltlichen Vorstellungen ein. Die MitarbeiterInnen lösen das Problem ressortübergreifend. Sie werden motiviert, eine ressortübergreifende Sichtweise des Problems zu entwickeln.

Ergebnisse von Fallstudien

Kategorien	Vorgesetzten-lösung	Zuständig-keit	Inte-grativ
Differenzierungsgsgrad der Lösung	niedrig	hoch	hoch
Dauer der Lösungsfindung	mittel	hoch	mittel
Verknüpfung von Elementen	niedrig	hoch	mittel
Vernetzungsgrad der Vorschläge	niedrig	mittel	hoch
Kontroversen	hoch	hoch	gering
Entscheidungsfreudigkeit	hoch	hoch	mittel
Gewinner/Verlierer	hoch	mittel	niedrig
Sachaspekte	mittel	niedrig	hoch
Durchsetzbarkeit	mittel	hoch	niedrig

Anwendungssituationen:

1. **Vorgesetztenlösung**:

   Geringe Problemkomplexität und Entscheidungsdruck

2. **Zuständigkeit**:

   Mittlere Komplexität, standardisierte Problemsituationen

3. **Integrativ**:

   Hohe Problemkomplexität, neuartige Situation und Situationen mit hohem Konfliktpotential, wie sie in Projekten häufig vorkommen.

3.4 Mikropolitik und Konflikte

3.4.1 Mikropolitik

Einleitung

Projektmanagement ist aufgrund der Prozeßorientierung ein dynamisches System, mit spezifischen Eigenschaften und Verhaltensweisen. Es besteht aus Komponenten, die untereinander in Wechselwirkung stehen, sodaß keine der Komponenten unabhängig voneinander sind. Die Teile beeinflussen sich im Prozeß untereinander, sodaß der Wirkungszusammenhang der Komponenten ein dynamisches System konstituiert wird [Probst 1992, 27ff].

Projektmanagement ist damit verbunden, daß dynamische Austauschbeziehungen in Organisationen verändert werden, was zu Entscheidungs- und Interessenkonflikten führt. Die Konfliktaustragung und die damit verbundene Machtausübung wird häufig mit dem Begriff der Mikropolitik bezeichnet.

Begriffe

Mikropolitik:

Als Mikropolitik wird das Verhalten von Organisationsmitgliedern bezeichnet, wenn sie ihre materiellen und menschlichen Ressourcen zur Erreichung Ihrer *persönlichen Ziele* zu verwenden.

Persönliche Ziele:
Die persönlichen Ziele beinhalten insbesondere die Karriere des Einzelnen und die Sicherung und Verbesserung der eigenen Bedingungen in der Organisation.

Organisation:
Die Organisationswirklichkeit wird in einem starken Maße durch die Interessen und Ziele ihrer Mitglieder mitbestimmt: Eine Organisation ist in diesem Sinne ein System von Konflikten um knappe Ressourcen.

Konflikt:
Ein Konflikt ist nach March/Simon [1976, 107] gegeben, wenn ein Individuum oder eine Gruppe bei der Auswahl einer Aktionsalternative auf Schwierigkeiten stößt.

Mikropolitischer Konflikt:
Ein „mikropolitischer Konflikt" ist gegeben, wenn verschiedene Akteure aufgrund ihrer persönlichen Interessen unterschiedliche Alternativen präferieren.

Analyse von Softwareprojekten

Viele Softwareprojekte repräsentieren „ein Kampf aller gegen alle": Nicht die Softwareentwicklung steht im Zentrum des Interesses, sondern das Ziel, die eigenen Belange weitgehend durchzusetzen, auch wenn das Projekt verzögert oder gefährdet wird [Weltz u.a 1992, 131].

Konfliktlinien:

Die Konfliktlinien sind in den einzelnen Entwicklungsprozessen durchaus unterschiedlich: Es kommt zu Konflikten

1. innerhalb des Projektteams
   Konflikte innerhalb des Projektteams entstehen zwischen Vorgesetzten und MitarbeiterInnen sowie zwischen Beschäftigten, die in unterschiedlichen Phasen am Projekt beteiligt sind und Beschäftigten, die unterschiedliche Programmiersprachen, Betriebssysteme etc. vertreten [Weltz u.a. 1992, 125].

2. zwischen Projektteam und den Auftraggebern

3. zwischen Entwicklern und Anwendern

4. zwischen den Anwendern

Weitere Konfliktarten

Der Interessenkonflikt ist letztendlich eine bestimmte Ausprägung von Konflikten. Ursachen für weitere Konflikte sind [vgl. Zuschlag u.a. 1989]:

- unterschiedliche Wahrnehmungen,
- Bedürfnis nach gemeinsamer Entscheidungsbildung,
- unterschiedliche Ziele; [March/Simon 1976],
- unterschiedliche Beurteilung des Auftretens gleich bewerteter Ergebnisse,
- unterschiedliche Bewertung der Ergebnisse,
- Mißverständnisse,
- unterschiedliche soziale Rollen,
- unterschiedliche Normen,
- unterschiedliche Zugehörigkeitswünsche

Macht

Macht
Macht ist in dem Freiraum lokalisierbar, über den jedes in eine Machtbeziehung eingetretene Individuum verfügt (organisatorische Ungewißheitszone); das heißt in der mehr oder weniger großen Möglichkeit, das zu verweigern, was der andere von ihm verlangt [Crozier; Friedberg:1979:41].

Beziehungscharakter von Macht:
Macht ist daher kein Attribut der Akteure, sondern eine gegenseitige, aber unausgewogene Beziehung.

Abhängigkeits-verhältnisse

Über wieviel Macht ein Individuum in einer sozialen Beziehung verfügt, wird durch dessen Abhängigkeitsverhältnisse determiniert. Es können vier Abhängigkeitsverhältnisse unterschieden werden [Hartmann 1968, 305f]:

1. **Das komplementäre Abhängigkeitsverhältnis:** Der/Die Vorgesetze ist darauf angewiesen, daß die MitarbeiterInnen kooperativ handeln. Die Kooperation kann nur in Grenzen erzwungen werden.

2. **Das konditionale Abhängigkeitsverhältnis:** Der Mächtige hat Verfügungsgewalt über Mittel, die andere zur Ausübung ihrer Rolle brauchen.

3. **Das auxillare Abhängigkeitsverhältnis:** Die MitarbeiterInnen übernehmen einen Teil der Arbeitsaufgaben vom Vorgesetzten.

4. **Das funktionale Abhängigkeitsverhältnis:** Die MitarbeiterInnen besitzen besonderes Wissen und Können, die im Gesamtzusammenhang unentbehrlich sind.

Organisatorische Ungewißheitszonen

Ein Organisationsmitglied besitzt in dem Ausmaß Macht, indem es eine organisatorische Ungewißheitszone kontrolliert. Folgende organisatorische Ungewißheitszonen können unterschieden werden [Crozier/Friedberg 1979, 43ff]:

- **Beherrschung eines spezifischen Sachwissens**
  Sobald der reibungslose Ablauf einer Aktivität oder die zufriedenstellende Erfüllung einer für die Organisation besonders wichtigen Funktion vom Eingreifen des Individuums abhängt (Experte), wird es dafür Vorteile und Privilegien aushandeln können.

- **Beziehung zur relevanten Umwelt**
  Akteure, die für die Organisation Beziehungen zu deren relevanter Umwelt aufrechterhalten, stabilisieren die Beziehungen zwischen der Organisation und deren Umwelt.

- **Kontrolle der Informations– und Kommunikationskanäle**
  Akteure in Entscheidungspositionen werden im Zuge der Arbeitsteilung zunehmend von den Informationsleistungen anderer abhängig. Die

Macht der Informierenden kann durch selektive Informationspolitik dazu benutzt werden, daß Entscheidungen vorstrukturiert werden.

- **Vorhandensein allgemeiner organisatorischer Regeln**
Organisatorische Regelungen begrenzen zwar die Freiheit der MitarbeiterInnen, gleichzeitig jedoch schränken sie auch die Willkür des/der Vorgesetzten ein. Damit wird die Regel zu einem Sicherungsinstrument für die MitarbeiterInnen, das diese vor der Willkür der Vorgesetzten schützt. Wissen diese die Regel anzuwenden, ist der/die Vorgesetzte ihnen gegenüber machtlos.

Die Dynamik der Eskalation

Die Dynamik der Eskalation kann nach Heeg [1993, 111] folgendermaßen charakterisiert werden:

1. Verstimmungen
2. Debatten
3. Kontaktabbruch
4. Koalitionsbildung
5. Strategiebildung
6. Drohung/begrenzte Gewaltanwendung (Sabotage, Intrigen, Verweigerungen)
7. Die Konfliktparteien neigen zunehmend unter „Verfolgungswahn“
8. „Offene Sabotage“ und Behinderung gegnerische Ziele
9. „Totaler Krieg“: Alle Bestrebungen sind darauf ausgerichtet, den Gegner, wenn nicht physisch, so doch psychisch, beruflich oder gesellschaftlich zu zerstören

---

Strategische Organisations–/Konfliktanalyse

Schritte zur Durchführung einer Organisation–/Konfliktanalyse [Crozier/Friedber 1979; Silvermann 1974]:

1. Ermittlung relevanter Interessengruppen (Konfliktparteien)
2. Ermittlung der Ziele und Interessen dieser Gruppen
3. Analyse der daraus resultierenden Konflikte
4. Weitere Konfliktarten?
5. Was sind die Konfliktsymptome?
6. Untersuchung der Methoden und Instrumente, die die verschiedenen Gruppen verwenden, um ihre Ziele zu erreichen
7. Warum werden bestimmte Methoden und Instrumente zu bestimmten Zeitpunkten von den Gruppen verwendet?
8. Ermittlung der Folgen von geplanten Handlungen für jede Gruppe
9. Wie werden die Gruppen auf die geplanten Handlungen reagieren?

Was tun bei Konflikten?

Eine Konfliktlösungsstrategie kann durch folgendes Vorgehen charakterisiert werden:

- Strategische Organisationsanalyse
- Analyse der Konfliktursachen (Kommunikation, Wahrnehmung, Bewertung etc.) und, wenn möglich, Beseitigung der Konfliktursachen
- Frühzeitige Einbeziehung aller Beteiligten unter Berücksichtigung deren Interessen (gemeinsame Problemlösungen und evtl. neue Problemlösungen finden): weitestgehend eigene und fremde Interessen in einer Lösung integrieren! (vgl. sukzessive Integration, Partizipation und integrativer Führungsstil).
- Konfliktgespräch
- Aushandlung von Kompromissen
- Koalitionen mit möchtigen Akteuren bilden (Machtanwendung)
- Schulung in Konfliktmanagement
- Externe Supervision
- Juristische Prozeduren
- Konflikt vermeiden (Rückzugsstrategie).

3.4.2 Verhandlungsführung

Grundlagen der Verhandlungsführung

- Jede Verhandlungsstrategie sollte folgende drei Kriterien erfüllen:
  1. Es sollte eine vernünftige Übereinkunft erzielt werden.
  2. Die Verhandlungen sollten effizient durchgeführt werden und
  3. Die Verhandlungen sollten die Beziehung der Parteien nicht belasten.
- **Probleme:**
  Wer um Positionen verhandelt (z.B. Wer hat Recht?) tendiert dazu, sich stark an die Position zu binden. Die Verhandlung kommt ins Stocken (ineffizient), die zugrundeliegenden Probleme und Interessen werden verdeckt und das Verhandeln um Positionen wird zum Willenskampf (schlechte Beziehung).

  Es besteht die Gefahr, unvorteilhafte Vereinbarungen zu erzielen!

Das Harvard–Konzept

Verhandeln findet auf zwei Ebenen statt: der Beziehungsebene und der Sachebene.

Das primäre Ziel des Harvard–Konzeptes ist es, die Verhandlungen derart zu führen, das sie nicht ins Stocken geraten. Dieses Ziel wird erreicht, indem zu Beginn der Verhandlungen unter strategischen Aspekten alternative Konfliktlösungen entwickelt werden. Dabei ist ein offenes und angenehmes Verhandlungsklima zu schaffen und direkte spontane Reaktionen auf Angriffe der Verhandlungspartner zu vermeiden. Diesen wird der „Wind aus den Segeln genommen", indem bei einen Angriff die Argumentation als Interessenäußerung umgedeutet wird und in Lösungssuche integriert wird. Kann trotzdem keine Einigung gefunden werden, so werden die Verhandlungspartner auf die Kosten einer Nicht–Einigung aufmerksam gemacht.

Das Harvard–Konzept beruht auf folgenden vier Grundaspekten:

1. Menschen und Probleme getrennt voneinander behandeln.

2. Nicht Positionen, sondern Interessen in den Mittelpunkt stellen.

3. Vor der Entscheidung verschiedene Wahlmöglichkeiten (Optionen) entwickeln.

4. Das Ergebnis auf objektiven Entscheidungskriterien aufbauen. (Marktpreis, Was ist üblich? ...)

Vorgehen nach dem Harvard–Konzept

Das Harvard–Konzept besteht aus fünf Modulen [Fischer/Ury 1991; Ury 1993]:

1. **Konfliktanalyse**:

   - Welche Interessen haben Sie? (Verhandlungsgegenstand, Beziehung)

   - Welche Interessen hat der/die VerhandlungspartnerIn?

   - Was ist Ihre BATNA? (Best Alternative to Negotiated Agreement)

- Was ist die BATNA Ihres Verhandlungspartners?
- Finden Sie objektive Kriterien zur Beurteilung der Verhandlungsalternativen.

2. **Angenehmes Verhandlungsklima schaffen:**
   - Zuhören!
   - Erkennen Sie die Argumente und Positionen ihrer Verhandlungspartner an!
   - Erkennen Sie die Autorität ihrer Verhandlungspartner an!
   - Zustimmen, soweit das Verhandlungsziel es zuläßt.

3. **Verändern sie das Spiel und den Rahmen:**
   - Nicht argumentieren, sondern offene Fragen stellen: Warum, Warum nicht, Was macht das fair? ...
   - Umgehe Mauern und interpretiere sie als Wunsch!
   - Angriffe ignorieren
   - Ermitteln Sie die Ursachen hinter den Widerständen!
   - Angriffe auf Ihre Person als Argumente für die Problemstellung reinterpretieren.
   - Alle Angriffe als Versuch deuten, mit dem Problem umzugehen!
   - Problemlösungsfragen stellen: Warum wollen sie xy? Was würden Sie an meiner Stelle tun?
   - Zeigen Sie sich lernbereit und informieren sich bei ihrem Verhandlungspartner über das Problem!

4. **Bauen Sie eine goldene Brücke:**
   - Fragen Sie nach den Ideen von Ihrem Verhandlungspartner und berücksichtigen Sie sie bei Ihren weiteren Lösungsideen.

- Fragen Sie nach konstruktiver Kritik!
- Befriedigen Sie Interessen
- Entwickeln Sie Lösungsalternativen zum beiderseitigem Vorteil.
- Lassen Sie sich Zeit
- Führen Sie Ihren Verhandlungspartner Schritt für Schritt

5. **Führen diese Verhandlungstrategien nicht zum Ziel, dann**
   - Informieren Sie Ihre Verhandlungspartner über die Konsequenzen einer Nicht–Einigung! Fragen Sie: Was meinen Sie wird passieren, wenn wir uns nicht einigen? Was denken Sie, was ich tun werde? Was werden Sie bei einer Nicht–Einigung tun?
   - Unterrichten Sie die Verhandlungspartner über die „Kosten“ einer Nicht–Einigung!
   - Machen Sie deutlich, daß Ihr Ziel eine beidseitige befriedigende Einigung ist und nicht der Sieg über die Verhandlungspartner (Win–Win–Strategie).
   - Machen Sie deutlich, daß Ihre Verhandlungsbereitschaft weiterhin besteht.

3.5 Motivation und Arbeitszufriedenheit

Motivation ist keine Mißachtung

Motivation ist nach Stroebe/Stroebe [1979] *nicht* die körperliche und seelische Mißachtung der MitarbeiterInnen, wie beispielsweise die Klimaanlage im Sommer heruntersetzen, die defekte Heizung nicht reparieren, unbequemer Stuhl, Zugluft etc. Seelische Mißachtung erfolgt z.B. mit Sätzen, wie Glauben Sie, daß Sie hier am richtigen Platz sind? Wenn Ihnen das nicht paßt, dann können Sie ja gehen!

Konsequenzen von körperlich–seelischer Mißachtung: MitarbeiterInnen

- haben kein Interesse/Initiative
- sind gehemmt bei Entscheidungen
- sind gleichgültig
- arrangieren sich mit den Gegebenheiten
- reagieren nur, wenn der Druck zunimmt

Motivation ist keine Manipulation

Motivation ist *keine* Manipulation: Manipulation liegt vor, wenn jemand bewußt und zum eigenen Vorteil das Erleben und das Verhalten anderer beeinflußt, ohne daß diesen die Art und Weise dieses Einflusses bewußt wird. Manipulation ist, wenn bewußt, folgende Methoden angewendet werden:

- Fehlinformation
- Zurückhalten von Informationen
- Unbeweisbare Behauptungen aufstellen
- Flüsterpropaganda

- Einengen von Kontakten
- Emotionalisierung

Kurzfristig kann Manipulieren erfolgreich sein, langfristig dagegen kann das Vertrauensverhältnis zwischen Führungskraft und MitarbeiterInnen stark gefährdet werden!

Handeln und Motivation

Auf die Frage, warum Akteure Handeln, gibt es zwei Antworten:

1. Weil Sie ein Motiv für das Handeln haben!
2. Spontanes und gewohnheitsmäßiges Verhalten, daß ex–post mit einem Motiv begründet wird!

Als Beispiel sei das Gehalt als Motiv für Arbeitsleistung angeführt: Man geht zur Arbeit, ohne immer an das Gehalt zu denken, man tut es einfach. Eine Gehaltserhöhung bzw. eine in Aussicht gestellte Gehaltserhöhung motiviert daher auch nur kurzfristig, weil man sich schnell an die Erhöhung gewöhnt! Will man MitarbeiterInnen mit Gehaltserhöhungen motivieren, muß man immer wieder immer höhere Erhöhungen akzeptieren. Somit kann mit einer in Aussicht gestellten Gehaltserhöhung das Verhalten nur kurzfristig verändert werden. Darüberhinaus werden MitarbeiterInnen wie „Kinder“ behandelt (wenn Du X tust, dann bekommst Du Y). Dies kann langfristig dazu führen, daß Eigeninitiative und Verantwortungsgefühl nachläßt und die Mitarbeiter nur noch motiviert sind, wenn Sie eine immer höhere Belohnung dafür erhalten.

Ziel von Motivationsmaßnahmen

Das Ziel von Motivationsmaßnahmen sind zielgerichtete Verhaltensänderungen der Mitarbeiter; vor allem Leistungssteigerung, Initiative und Verantwortungsübernahme.

Motivation als Führungsaufgabe

Nach Kummer u.a. [1993 14.1.3] beginnt Motivation der MitarbeiterInnen bei der Motivation der Führungskraft! Die Eigenmotivation des Vorgesetzten ist für die überzeugende Motivation der MitarbeiterInnen notwendig.

Eine entscheidende Größe im Motivationsprozeß ist das Verhalten der Führungskraft: Sie muß sich bewußt sein, wie Sie direkt oder indirekt auf die Motivation ihrer MitarbeiterInnen einwirkt.

In diesem Sinn heißt motivieren, „helfen, den eigenen eingebauten Motor in Gang zu setzen“, sich für etwas zu engagieren, begeistern und aktiv werden zu können [Fritschi/Wyss 1981 zitiert nach Kummer u.a. 1993, 14.1.3].

Die Führungskraft wird daher vom Vorgesetzten zum Coach (Trainer).

4 Coaching–Stile

Hamann/Huber [1991, 49ff] unterscheiden vier Coaching-Stile:

1. **Lenken:** Die Führungskraft gibt Anweisungen und beaufsichtigt die Durchführung der Aufgabe.

2. **Anleiten:** Die Führungskraft lenkt und überwacht auch weiterhin die Durchführung der Aufgabe; Sie reflektiert aber die Entscheidungen mit den MitarbeiterInnen.

3. **Unterstützen:** Die Führungskraft fördert und unterstützt die MitarbeiterInnen bei der Durchführung der Aufgabe und teilt mit ihnen die Verantwortung.

4. **Delegieren:** Die Führungskraft überträgt den MitarbeiterInnen die Verantwortung für die zu treffenden Entscheidungen und die zu lösenden Probleme.

Die Wahl des Coaching-Stils hängt von den Fähigkeiten (Wissen, Erfahrungen, Fertigkeiten), dem Engagement (Verantwortungsgefühl) und den Willen der MitarbeiterInnen ab.

Arbeitszufriedenheit: Grundlage für motivierte MitarbeiterInnen

Die Grundlage für motivierte MitarbeiterInnen ist die Arbeitszufriedenheit! Sind MitarbeiterInnen mit ihrer Arbeitssituation nicht zufrieden, dann sind sie nur in Ausnahmefällen motiviert, was jedoch nicht heißt, daß sie motiviert sind, wenn sie zufrieden mit ihrer Arbeit sind.

Neuberger [1985, 194ff] unterscheidet zwei Formen der Arbeitszufriedenheit und drei Formen der Arbeitsunzufriedenheit.

Die verschiedenen Formen der Arbeitszufriedenheit sind:

1. **Progressive Arbeitszufriedenheit:** Man ist zufrieden und überzeugt, daß sich die Arbeitssituation noch verbessern wird.

2. **Stabilisierte Arbeitszufriedenheit:** Man ist zufrieden und hofft, daß sich hieran nichts ändert.

Arbeitsunzufriedenheit

Es können verschiedene Formen der Arbeitsunzufriedenheit unterschieden werden:

1. **Resignation:** Früher wollte man eine bessere Arbeit; nun hat man sich angepaßt.

2. **Fixierte Arbeitsunzufriedenheit:** Man ist unzufrieden, weiß aber nicht, wie man die Situation verändern kann.

3. **Konstruktive Arbeitsunzufriedenheit:** Man ist unzufrieden, aber man versucht die Arbeitssituation zu verbessern.

Passung: Stärken – Aufgaben

Damit die Stärken der MitarbeiterInnen zielorientiert genutzt werden können, müssen Sie mit Aufgabenstellungen befaßt sein, die zu ihren Stärken passen (Passung: Stärken–Aufgaben). Die Motivation und Arbeitszufriedenheit von MitarbeiterInnen hängt auch davon ab, ob die ausgeübte Aufgabe mit der Persönlichkeitsstruktur übereinstimmt.

Das „Kennenlernen“ der eigenen Stärken führt dazu, daß man seine Möglichkeiten und Grenzen erkennt und seine Stärken zielorientiert ausbauen kann; hierdurch wird man selbstsicherer und erkennt besser die Stärken Anderer.

Je besser man sich und andere hinsichtlich Stärken und Schwächen kennt, desto besser kann man entscheiden, wie man sich und andere optimal entfaltet. Wo Stärken liegen, soll man sich engagieren und sich Herausforderungen stellen.

Stärken werden durch die Beantwortung folgender Fragen erkannt:

- Was tue ich gerne?
- Was tue ich gut?
- Was schätzen andere an mir?

Maßnahmen zur MitarbeiterInnen–Entwicklung

1. Sind die MitarbeiterInnen eher beziehungs– oder aufgabenorientiert?
2. Was sind die Stärken und Schwächen der MitarbeiterInnen?
3. Was fällt den MitarbeiterInnen leicht? Welche Tätigkeiten bevorzugen sie?
4. Festellung der Arbeitszufriedenheit der MitarbeiterInnen?
5. Wo könnte die Arbeitszufriedenheit verbessert werden?
6. Wo liegen die Barrieren, daß MitarbeiterInnen ihre Stärken nicht einsetzen können? Und wie können diese beseitigt werden?

7. Ist es möglich, einzelne Aufgabenbereiche derart zu reorganisieren, daß die MitarbeiterInnen ihre Stärken effizient einsetzen können?

8. Wie können die Stärken ausgebaut und die Interessen gefördert werden? Etwa durch Schulungen, Aufgabenstellungen (learning on the job), Teamarbeit (learning by doing) etc.

Was tun, bei unzureichender Motivation?

Bei nicht–ausreichend *erscheinender* Motivation zeigt folgende Verhaltensstrategie mögliche Auswege:

1. Was sind die Bedürfnisse und Ziele der Führungskraft hinsichtlich der MitarbeiterInnen?

2. Sind diese Erwartungen angemessen und realistisch? Hat der/die MitarbeiterIn überhaupt die Möglichkeit diese zu erfüllen? Evtl. Erwartungen reduzieren und/oder Möglichkeiten zur Zielerreichung schaffen.

3. Hat der/die MitarbeiterIn die Fähigkeiten, das Verantwortungsgefühl bzw. den Willen die Aufgabenstellung entsprechend zu bearbeiten?

4. Was ist der Anteil der Führungskraft, an der geringen Motivation der/die MitarbeiterIn?

5. Nach Gründen für geringe Motivation suchen!

   - Arbeitszufriedenheit des Mitarbeiters? Erwartungen und Ansprüche an die Arbeit.

   - Verhalten des Vorgesetzten?

   - Private Probleme?

   - Über– bzw. Unterforderung?

   - Monotonie?

   - Mangelnde Bestätigung und Anerkennung?

   - Passende Aufgabenstellung? etc.

6. Mißstände und Probleme, wenn möglich beseitigen!

7. Schaffung von Entfalltungsmöglichkeiten für die *vorhandene* Motivation der Mitarbeiter!

8. Offene Forderung und Förderung von Leistung!

9. Verhaltensänderung aushandeln! (s. Verhandlungstraining)

Die Grenzen der Motivierung

Nach Spranger[1989; 1992] ist Motivation von MitarbeiterInnen nur sehr begrenzt möglich:

1. Dort wo motiviert werden muß, ist es oft schon zu spät: Den „Abgestellten“ wieder zu einem „Angestellten“zu machen, ist ein schwieriges Geschäft.

2. Nach Spranger [1989, 90] ist es nicht möglich (oder nur um den Preis kontraproduktiver Nebenwirkungen), Mitarbeiter zu motivieren, wobei Motivierung unter ethischen Aspekten bedenklich ist.

3. Bewußte Motivierungsversuche führen zu Abwehrverhalten! „Wollen Sie von Anderen nach irgendwelchen Techniken motiviert werden?“

4. Persönlichkeitsdefizite und geringes Leistungsvermögen können nicht durch Motivation verbessert werden.

3.6 Inner Management

Begriffliche Abgrenzung

Während die Sachdimension auf die Projektaufgabe bezogen ist, mit Kommunikation, Führung, Motivation etc. die soziale Dimension im Vordergrund steht, stellt das Inner–Management die eigene Person in den Mittelpunkt.

Das Ziel des Inner–Managements ist eine Balance zwischen den Sachproblemen, den Anderen und dem Selbst zu finden. Hierfür ist es erforderlich, die eigenen Wünsche und Werte zu kennen, sie auf Konsistenz zu überprüfen und Entscheidungen zu treffen, von denen man innerlich überzeugt ist! Des weiteren sollte jeder Tag nach inneren Überzeugungen und Wünschen gestaltet werden.

Was sind meine Ziele?

- Welche Rollen habe ich? (Mutter/Vater, Vereinsmitglied, KollegIn, Vorgesetzte, ProjektleiterIn, ExperteIn ...)
- Was ist mir wichtig in diesen Bereichen? Welche Werte habe ich? Reihenfolge ermitteln!
- Was will ich erreichen? Was wünsche ich mir?
- Progressive Abstraktion: Was steckt dahinter? Was ist das Ziel? Was will ich mit den Wünschen erreichen?
- Was kann ich sofort tun, um die Wünsche *hinter* den Wünschen zu erreichen?
- Gibt es Ziele, die sich widersprechen?

Zielerreichung

Der Weg zur Zielerreichung besteht nach Kutschera; Bachler [1995, 106ff] aus folgenden Komponenten:

- Stellen Sie sich vor, Sie haben Ihre Ziele erreicht!
- Wie ist das Gefühl, wenn Sie Ihre Ziele erreicht haben? Was sehen, hören, fühlen Sie? Woran merken Sie, daß Sie Ihre Ziele erreicht haben? Fehlt etwas?
- Was mußten Sie tun, um Ihre Ziele zu erreichen?
- Vollziehen Sie in Gedanken diese Schritte bis zur Zielerreichung nach? Entstehen Probleme, dann Korrigieren Sie das Vorgehen solange, bis Sie zufrieden sind!

Innere Entscheidungen treffen

Das Ziel ist es, Entscheidungen zu treffen, die man selbst vollständig akzeptiert.

Eine mögliche Vorgehensweise [Hunt/Hait 1992, 143ff]:

- Entspannen Sie sich!
- Wenn Sie an die Entscheidung denken, können Sie diese vollständig akzeptieren? Oder erwarten Sie, daß Sie Ihre Meinung ändern?
- Stellen Sie in bezug auf die Entscheidung eine Frage, die mit einem einfachen Ja oder Nein beantwortet werden kann! Formulieren Sie die Frage einfach und direkt!
- Fragen Sie nach der Antwort! Lassen Sie die Gedanken der Antwort in Ihr Bewußtsein strömen! Empfangen Sie ein klares JA oder NEIN?
- Wenn Sie keine Antwort bekommen, dann akzeptieren Sie diesen Zustand. Die Antwort wird sich ergeben, wenn der richtige Zeitpunkt gekommen ist! Wiederholen Sie die Frage zu einem späteren Zeitpunkt!

Falls Sie keine klare Antwort bekommen, gehen Sie wie folgt vor:

- Was macht die Entscheidung schwierig? (Erwartungen anderer, Gewohnheiten, Überlastungen etc.)

- Können Sie sich von den Schwierigkeiten lösen? Können Sie sie vermindern! Wenn nicht, notieren Sie, warum Sie die Blockaden nicht lösen können!

- Denken Sie daran: Keine Entscheidung zu treffen ist auch eine Entscheidung!

Tagesgestaltung

Folgende Übung hilft, die Gestaltung des Tagesablaufes mit den inneren Wünschen zu kombinieren [Hunt/Hait 1992, 84ff]. Diese Übung sollte abends und morgens durchgeführt werden:

- Stellen Sie sich vor, was die Höhepunkte des vorliegenden Tages sind! Was sind die Gefühle, die Sie am Ende des Tages erleben wollen?

- Bestimmen Sie 1–3 Höhepunkte des Tages!

- Stellen Sie sich vor, wie Sie völlig in diesen Aktivitäten „aufgehen"; Beobachten Sie das Gefühl, voll mit dieser Aktivität beschäftigt zu sein!

- Bestätigung: Heute werde ich mir erlauben, an den wichtigen Dingen des Tages, absichtsvoll und ohne Druck zu arbeiten!

---

4. Die Ablaufdimension des Projektmanagements

4.1 Projektdefinition und Planung

Planung

Planung ist die systematische Vorbereitung auf die Zukunft [Töpfer 1976, 23].

Das Ziel der Projektplanung ist die Definition des Projekts.

Ziel der Projektdefinition

Die Projektdefinition bildet die Basis für den Kontrakt zwischen Auftraggebern und Projektgruppe.

Sie dient

1. als Entscheidungsgrundlage für das Projekt,
2. als Richtschnur für den Projektverlauf,
3. als Maßstab für den Projekterfolg.

Inhalt der Projektdefinition

Die Projektdefinition besteht zum einen aus der Zieldefinition und zum anderen aus der Projektplanung. Folgende Aufgaben sind relevant:

- **Projektziele festlegen:** Was soll mit dem Projekt erreicht werden?
- **Projektablauf planen:** Welche Tätigkeiten sind durchzuführen? (Tätigkeitsplanung, Ablaufplanung)
- **Projektaufwand und Termine planen:** Bis wann sind die Tätigkeiten abzuschließen? (Zeit- und Terminplanung)
- **Projektkosten bestimmen:** Kosten der einzelnen Tätigkeiten? (Kostenplanung)

- **Projektorganisation bestimmen:** Wer ist für die einzelnen Tätigkeiten verantwortlich?
- **Kapazitäten überprüfen:** Stehen für die geplanten Aktivitäten ausreichend Kapazitäten zur Verfügung? (Kapazitätsplanung)

6 Schritte der Projektdefinition

Die Projektplanung besteht aus folgenden Planungsschritten:

1. Projektziele definieren
2. Projektablauf planen
3. Dauer und Termine planen
4. Kosten planen
5. Projektorganisation festlegen
6. Kapazitäten planen

4.1.1 Projektziele festlegen

Funktionen von Zielen

Ziele können verschiedene Funktionen erfüllen [Heeg 1993, 183]:

- **Orientierungsfunktion:** Durch die Ziele lassen sich alle Aktivitäten im Projekt ausrichten.
- **Selektionsfunktion:** Lösungsalternativen können auf Grundlage ihrer erwarteten Zielerreichung verglichen und bewertet werden: Erleichterung des Auswahlprozesses.

- **Koordinationsfunktion:** Die Zerlegung des Gesamtzieles in einzelne Teilziele für Arbeitsgruppen oder Fachabteilungen erleichtert es, deren Aktivitäten zu koordinieren.

- **Kontrollfunktion:** Wenn das realisierte Ergebnis von Aktivitäten abschätzbar ist, erfolgt ein Vergleich mit den geplanten (Zwischen)-Zielen.

Phasen der Zielformulierung

1. **Projektidee:** Aufnehmen von Ideen und Anregungen aus dem Fachbereich, der Geschäftsführung, externer Berater etc.:
   Es ist eine erste grobe Zielrichtung zu formulieren.

2. **Vorbereitung:** Hierzu ist es erforderlich, eine erste Projektgruppe zu bestimmen, mit der eine Situationsanalyse und eine Zielformulierung für das Projekt durchgeführt wird.
   Die Gruppe sollte aus den Auftraggebern, den voraussichtlichen Projektleitern und Vertretern aus den betroffenen Fachbereichen bestehen.

3. **Situationsanalyse:** In der Situationsanalyse sind die Probleme zu definieren und ihre Ursachen zu analysieren.

4. **Zielformulierung:** Die einzelnen Ziele sind zu formulieren, eine Zielhierarchie ist zu bestimmen (Muß–, Soll– und Kann–Ziele); mögliche Zielkonflikte sind zu lösen.

Warum ist eine Situationsanalyse durchzuführen?

- Eine erfolgreiche Durchführung eines Projektes, beruht auf die Kenntnis und dem Verständnis der Ausgangssituation.

- Aus diesem Verständnis heraus wird das weitere Vorgehen abgeleitet.

Fragen zur Situationsanalyse

Folgende Fragen sind im Rahmen einer Situationsanalyse zu stellen [Hansel/Lomnitz 1993, 33ff]:

- **Wer ist der Auftraggeber?**

  Formelle und informelle Stellung?
  Einfluß des Auftraggebers?

- **Wer sind die Träger der Projektidee?**

  MitarbeiterInnen, die ein Interesse am Erfolg des Projektes haben: Sie können den/der ProjektleiterIn unterstützen.

- **Personen im Hintergrund?**

  Personen, die ein Projekt initiiert haben, aber selbst nicht in der Öffentlichkeit auftreten. Sie können das Projekt gefährden oder unterstützen.

- **Wie kann der zu organisierende Bereich charakterisiert werden?**

  Welche Position hat der zu organisierende Bereich in der Unternehmung?
  Selbst- und Fremdverständnis?
  Geschichte der Abteilung?
  Betriebsklima?

- **Wie wurde das Problem bisher gelöst?**

  Wo traten Schwierigkeiten auf? Watzlawik: *Die Lösung ist das Problem!*

- **Wie steht der Bereich dem Projekt gegenüber?**

  Wie ist der bisherige Projektverlauf?
  Gerüchte, Befürchtungen, Hoffnungen?
  Gibt es Koalitionen gegen das Projekt in der Abteilung?
  Wie ist die Beziehung zwischen der Abteilung und dem betroffenen Fachbereich?

- **Erfahrungen mit früheren Projekten?**

  Wie sind frühere Projekte abgewickelt worden?

- **Wer ist in welcher Form durch das Vorhaben betroffen?**

  s.u. Betroffenheitsaspekte

- **Wer sollte am Projekt beteiligt werden?**

  Wer hat Interesse am Projekt mitzuwirken?
  Aus welchen Gründen?
  Wer sollte? Aus welchen Gründen?

- **Wollen Sie das Projekt übernehmen?**

  Qualifikation?
  Akzeptanz?
  Persönliche Ziele?
  Chancen und Risiken?

Betroffenheitsaspekte

Die Entscheidung, in welchem Umfang MitarbeiterInnen an einem Projekt beteiligt werden sollten, ist auch von ihrer Betroffenheit abhängig.

MitarbeiterInnen können von einem Projekt durch die Veränderungen folgender Aspekte betroffen sein [Hansel/Lomnitz 1993, 40]:

- Aufgabenzuordnung
- Arbeitsablauf
- Handlungsspielraum
- Verantwortung
- Informationsstand
- Qualität der eigenen Arbeit
- Arbeitsbelastung
- Fremdkontrolle
- Persönliches Ansehen

- Einfluß
- Aufstiegschancen
- Arbeitszufriedenheit
- Einkommen
- Selbstverwirklichungsmöglichkeiten

Zielformulierung

In der Phase der Zielformulierung sind folgende Arbeitsschritte durchzuführen:

1. Die im Rahmen der Projektidee formulierten Ziele sind zu analysieren.

   Abhängigkeiten zwischen Zielen und den verschiedenen Gruppen sind zu berücksichtigen.

2. Es ist ein Zielkatalog zu erstellen.
3. Ziele werden ggf. neu formuliert.
4. Die generelle „Stoßrichtung“ des Projektes ist prägnant zu formulieren.
5. Die Ziele sind zu bewerten und in Muß–, Soll– und Kann–Ziele zu klassifizieren.
6. Mögliche Randbedingungen des Projekts sind zu ermitteln (z.B. Kostenobergrenzen, feste Termine, etc.)
7. Die Randbedingungen des Projektes werden analysiert und auf Widersprüchlichkeit und Widerstände überprüft.
8. Die Konsequenzen aus der Zielformulierung und den Randbedingungen sind zu ermitteln.
   Welche Maßnahmen sind durchzuführen, um unerwünschte Konsequenzen zu vermeiden?

Projektvereinbarung und Konflikte

Viele Probleme, die sich im Laufe eines Projektes ergeben, haben ihren Ursprung in der Projektvereinbarung. Deshalb überprüfen Sie die Projektvereinbarung sorgfälltig:

- Prüfen Sie die Projektvereinbarung auf Unklarheiten und Widersprüche!
- Analysieren Sie die Sichtweisen der Beteiligten! Gibt es Interessengegensätze?
- Arbeiten Sie Konsens und Dissens systematisch heraus (Visualisierung)!
- Welche Einstellung haben Ihre Vorgesetzten zu dem Projekt? Stehen Sie hinter Ihnen?
- Verpflichten Sie Fach- und Machtpromotoren für das Projekt!
- Identifizieren und bennen Sie Widerstandspotentiale sofort und direkt! (Unklarheiten, Widersprüche, Konflikte etc.)
- Nehmen Sie Auftraggeber und das Management in die Verantwortung! Fordern Sie klare Prioritäten und vermeiden Sie „faule Kompromisse“!
- Setzen Sie sich mit Ihren eigenen Unsicherheiten auseinander!

4.1.2 Projektablauf planen

Vorgehensweise

In dieser Phase findet schwerpunktmäßig die **Grobplanung** statt, die Feinplanung muß vor jeder Phase neu erstellt werden.

Bei **Delegation** von Arbeitspaketen an Projektexterne ist die Verbindlichkeit der Zusage sicherzustellen und der Mitwirkungsrahmen abzustecken.

Die Planung der Aktivitäten erfolgt gemeinsam mit den dafür Verantwortlichen (**Partizipation**).

Diese Planung ist nicht isoliert vom dem/der ProjektleiterIn durchzuführen, sondern sukzessive mit Vorgesetzten, Verantwortlichen, AuftragnehmerInnen und erfahrenen KollegInnen zu erstellen.

Merkmale der Projektplanung

Nach Din 69000ff sind die Grundkomponenten von Projektplanung und Netzplantechnik:

Vorgang: Beschreibung eines bestimmten Geschehens

Ereignis: Beschreibung des Eintretens eines bestimmten Zustandes.

Anordnungsbeziehung: Zwischen manchen Vorgängen besteht eine Abhängigkeit, der Art, daß ein Vorgang Vorgänger des anderen ist, bzw. der Nachfolger des anderen.

Ablaufplan: Anordnung der voneinander abhängigen Vorgänge/Ereignisse: Der Ablaufplan beschreibt den logischen Ablauf der Projektvorgänge bzw. der Projekt-Ereignisse.

Pufferzeit: Die Pufferzeit ist die Zeitspanne, um die der Termin eines Vorganges verschoben werden kann, ohne Auswirkungen auf den Endtermin.

Projektablaufplan

Auf dieser Stufe erfolgt schwerpunktmäßig die Grobplanung, die Feinplanung ist vor jeder neuen Phase zu erstellen.

Vorgehen:

1. Es sind Arbeitspakete festzulegen (Vorgänge und Ereignisse)

2. Es sind Abhängigkeiten zwischen den Arbeitspaketen zu berücksichtigen; d.h. ihre logische Reihenfolge ist zu ermitteln (Vorgänger–Nachfolger).

3. Vorgänge, die parallel ablaufen können, sind zu bestimmen.

4. Die Management-Aktivitäten sind im Projektablauf auszuweisen.

4.1.3 Zeit- und Terminplanung

Zeitplanung

1. Die Zeitdauer der einzelnen Vorgänge ist ohne Berücksichtigung der Termine zu ermitteln. Die Dauer ist die Zeitspanne vom Anfang bis zum Ende eines Vorgangs.

2. Eine Grundlage für die Zeitplanung können ähnliche Projekte bilden oder die Schätzung ist mit erfahrenen MitarbeiterInnen durchzuführen.

3. Scheidet diese Vorgehensweise aus (z.B. neuartige Projekte), ist die Durchführung einer Delphi-Studie für die Schätzung der Zeitdauer der einzelnen Arbeitspakete (s.u.) eine Alternative.

4. Bei risikobehafteten Zeitschätzungen können best-, worst- und average-Schätzungen durchgeführt werden, indem das Eintreten verschiedener Risikofaktoren systematisch berücksichtigt wird.

5. Bei neuen Projekten sind Schulung- und Einarbeitungszeiten festzulegen.

Delphi-Methode

Durch die Delphi-Methode [vgl. Mehrmann/Wirtz 1996, 153f] können zukünftige Ereignisse abgeschätzt werden. Entscheidend ist, daß es sich hierbei um ein anonymes Verfahren handelt, um mögliche Gruppeneffekte zu vermeiden. Auf die Zeitplanung im Projektmanagement angewandt, ergibt sich folgendes Vorgehen:

- Teilnehmer für das Verfahren auswählen und die Bereitschaft zur Mitarbeit sicherstellen.

- Liste der abzuschätzenden Tätigkeiten versenden und von den einzelnen TeilnehmerInnen in ihrer Zeitdauer schätzen lassen.
- Der Mittelwert der Schätzungen ist zu berechnen und die Ergebnisse sind erneut zu versenden.
- Die Teilnehmer schätzen die Dauer der Projekt–Tätigkeiten noch einmal. Bei großen Abweichungen vom Mittel, Begründungen einholen.
- Ist die Varianz der Schätzungen noch signifikant, kann die Liste mit den gemittelten Werten und den Begründungen für die Abweichung noch einmal den Teilnehmern zugestellt werden.

Terminplanung

Die Terminplanung basiert nach Litke [1991, 108ff] auf:

1. Der Erfassung von terminlichen Vorgaben, wie Fixtermine, terminliche Grenzen, Urlaubstermine etc.
2. Der Bestimmung der Start– und Endtermine für jede Aktivität im Projekt.
3. Der Darstellung des Plans mittels Terminliste, Balkendiagramm oder Netzplan.

Terminliste

Die Terminliste ist eine einfache Auflistung aller Vorgänge mit ihrer geschätzten Dauer und dem Start– und Endtermin.

1. **Vorteil:** geringer Aufwand
2. **Nachteil:** nur für übersichtliche Projekte geeignet

Balkendiagramm

Die Vorgänge werden mit ihrer geplanten Dauer als Balken in einem Diagramm dargestellt.

1. **Vorteil:** das Diagramm ist verständlich und übersichtlich

2. **Nachteil:** großer Änderungsaufwand

Beispiel:
Balkendiagramm

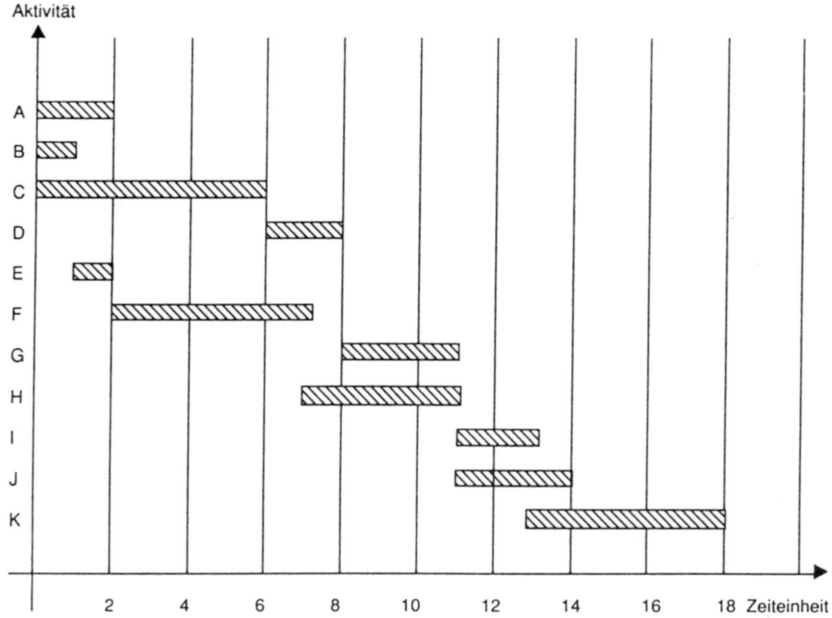

Netzplan

Der Netzplan ist eine graphische Darstellung von Ablauffunktionen für eine Problemstellung, die die logische und zeitliche Aufeinanderfolge abbildet.

Es existieren verschiedene Netzplantechniken, wie etwa PERT, CPM etc. die sich vor allem durch ihre Darstellungsart unterscheiden.

1. **Vorteil:** stellt zeitliche und logische Abhängigkeiten dar und ermöglicht unterschiedliche Auswertungsmöglichkeiten.

2. **Nachteil:** großer Änderungsaufwand und hoher Schulungsaufwand

Elemente eines CPM–Netzplans

Vorgänge werden mit Linien (z.B. Pfeile) dargestellt Ereignisse mit Knoten (Kreise, Rechtecke).

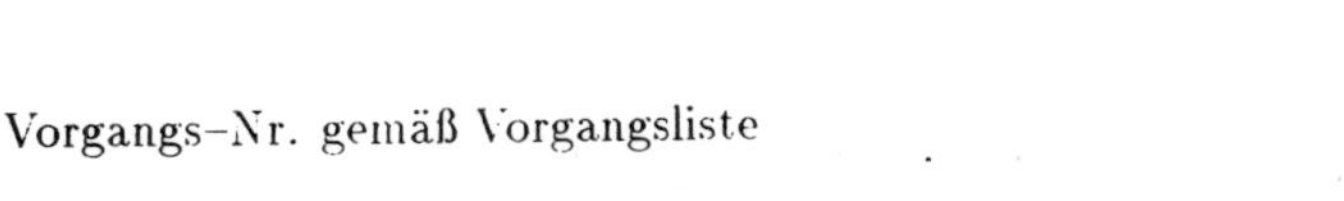

1. Vorgangs–Nr. gemäß Vorgangsliste

2. Vorgangsdauer in Zeiteinheiten (Tage, Wochen etc.)

3. Ereignis–Nr.

4. Frühester Endtermin in Zeiteinheiten ab Projektstart

5. Spätester Endtermin in Zeiteinheiten ab Projektstart

Regeln beim Aufstellen eines Netzplans

Beim Aufstellen eines Netzplans sind folgende Regeln zu beachten [Kummer u.a. 1992, 6.3.2]:

1. Die Zeiteinheit sollte so gewählt werden, daß die Projektdauer höchstens eine dreistellige Zahl wird.

2. Jeder Vorgang erhält einen eigenen Knoten am Ende (Zwecks Angabe der Pufferzeit)

3. Verknüpfung von Ereignissen zum Endereignis oder zu anderen Ereignissen werden mit Scheinvorgängen angegeben (gestrichelte Linien): Sie stellen nur Abhängigkeiten dar, erhalten keine Vorgangsnummer und haben die Zeitdauer Null.

4. Vorgänge laufen im Netzplan nur vorwärts, nie rückwärts.

5. Der frühest mögliche Termin eines Ereignisses ergibt sich durch vorwärts „schreitendes" Addieren der Dauer der Vorgänge zu den frühesten Terminen der vorgelagerten Ereignisse. Bei mehreren auf ein Ereignis orientierten Vorgängen, ist der späteste Termin maßgebend.

6. Der späteste Termin eines Ereignisses ergibt sich durch rückwärts schreitendes subtrahieren der Dauer der Vorgänge von dem spätesten Terminen der nachgelagerten Ereignisse. Bei mehreren Vorgängen ist der maßgebend, der den relativ frühesten Termin beim Ereignis erfordert.

7. Der kritische Weg sind Vorgänge, deren Ereignisse keine Pufferzeit haben (frühest möglicher Termin = spätester erlaubter Termin).

Beispiel: Netzplan

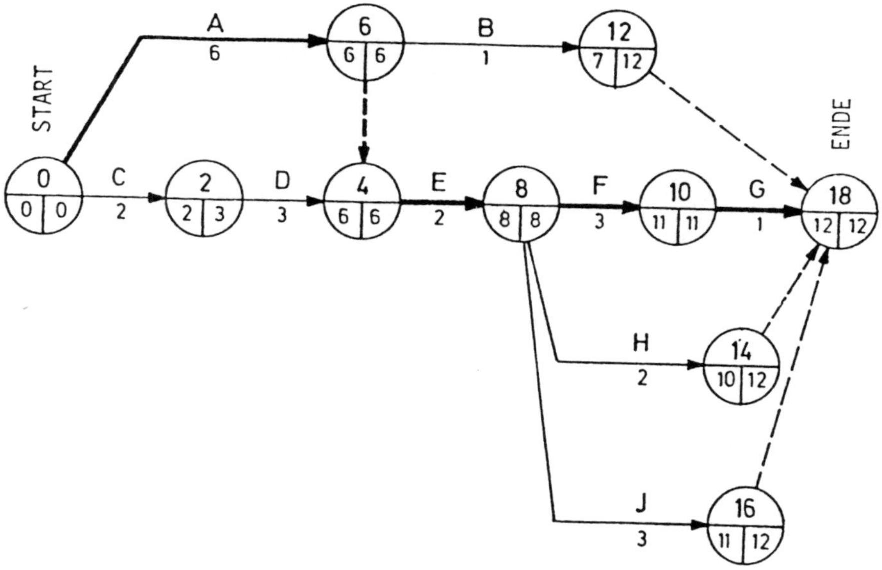

4.1.4 Kostenplanung

Kosten

Kosten sind der Werteverbrauch, der sich im Rahmen des betrieblichen Leistungsprozesses in einer Periode ergibt.

Kosten sind somit der mit Geld bewertete Verbrauch von Maschinen, Materialien, Dienstleistungen und Arbeitsleistungen.

Eine Spende an das Rote Kreuz sind keine Kosten, weil diese betriebsfremd ist und nicht im normalen Geschäftsablauf anfällt (betriebsfremder neutraler Aufwand).

Vorgehen Kostenplanung

Die Kostenplanung erfolgt nach folgendem Ablauf:

1. Ermittlung der anfallenden Kostenarten (s.u.)
2. Ermittlung der Verbrauchsmenge (z.B. 80 Arbeitsstunden, 1 PC)
3. Bewertung der Verbrauchsmengen in Geldeinheiten
4. Kostenaufstellung

Kostenarten

Das Projekt ist durch die wichtigsten Kostenarten abzuschätzen. Hierfür wird der Tätigkeitsplan zugrundegelegt. Kostenarten sind beispielsweise [Schmalen 1993, 697]:

- Materialkosten
- Arbeitskosten
- Betriebsmittelabschreibungen
- Mieten
- Kosten für Dienstleistungen
- Kosten für Materialbeschaffung
- Finanzierungs–Kosten (Zinsen etc.)
- Versicherungen, Gebühren, Spesen, Lizenzen etc.

4.1.5 Strukturierung der Projektorganisation

Auswahlprobleme

Die Auswahl der ProjektmitarbeiterInnen erfolgt durch den/die ProjektleiterIn unter folgenden Fragestellungen [Hansel/Lomnitz 1993, 46]:

- Wer *müßte* in welcher Form am Projekt beteiligt werden?
  Qualifikationen, Informationen, Betroffenheit

- Wer *möchte* in welcher Form am Projekt beteiligt werden?
  Wer will sich warum beteiligen?
  Wer nicht, obwohl starke Betroffenheit erkennbar ist?

- Ist der zeitliche Rahmen einer Beteiligung am Projekt gegeben?
  In welchem Ausmaß können die einzelnen MitarbeiterInnen beteiligt werden?

- Was ist in der Organisation „üblich"?
  Sind die MitarbeiterInnen im täglichen Arbeitsablauf an Entscheidungen beteiligt?

- Werden Repräsentanten akzeptiert?

Aufgaben der Projektorganisation

1. Die ProjektmitarbeiterInnen sind mit Funktionen und Verantwortung zu benennen. Klare Kompetenzen und Verantwortlichkeiten sind am Anfang eindeutig festzulegen.

2. Die Kommunikations- und Berichtswege sind festzulegen.
Wer ist wann und wie zu informieren?

3. Feste Termine sind festzulegen (z.B. wöchentliches Projektmeeting).

4. Wer verabschiedet den Projektplan? Wer nimmt Projektberichte entgegen? Wer genehmigt Änderungen? (Lenkungsausschuß)

5. Die Resultate der Projektarbeit sind vom Auftraggeber zu prüfen und zu genehmigen; ergeben sich Änderungen (Leistung, Zeit, Kosten, Qualität, Mittel etc.), so hat der Lenkungsausschuß hierüber zu entscheiden.

4.1.6 Erstellung der Kapazitätsplanung

Kapazitätsplanung

Ziel der Kapazitätsplanung ist, Engpässe im voraus zu lokalisieren, damit rechtzeitig Gegenmaßnahmen getroffen werden können oder die optimale Auslastung der Einsatzmittel gewährleistet werden kann.

Sie dient der Ermittlung des Aufwands, der erforderlich ist, um den einzelnen Vorgang fertigzustellen

Durchführung der Kapazitätsplanung

Die Kapazitätsplanung wird wie folgt durchgeführt [vgl. Litke 1991, 113ff; Kummer 1993]:

- Für jeden Vorgang sind die benötigten Ressourcen zu spezifizieren (z.B. Arbeiter, Maschinen, Finanzen etc.).
- Belastungsdiagramm für festgelegte Einheit erstellen:
  1. Für jeden Vorgang werden die benötigten Ressourcen ermittelt.
  2. Diese werden für jede Ressource getrennt in einem Balkendiagramm erfaßt.
  3. Die Fläche aus dem Produkt Ressource x Zeitdauer wird in dem Belastungsdiagramm erfaßt, und zwar in der Zeitdauer, in der der Vorgang geplant ist. Parallel–Vorgänge werden aufsummiert.
- Durch die „obere Linie“ des Belastungsdiagramms werden die in dem Zeitraum benötigten Ressourcen erkennbar.
- Sind die benötigten Ressourcen größer als die vorhandenen, dann ist ein Belastungsausgleich durch „trial and error“ oder durch Computersimulation durchzuführen.

- Dabei ist zu beachten: die Durchführung eines Belastungsausgleiches verändert vor allem die Terminplanung!

Belastungsdiagramm

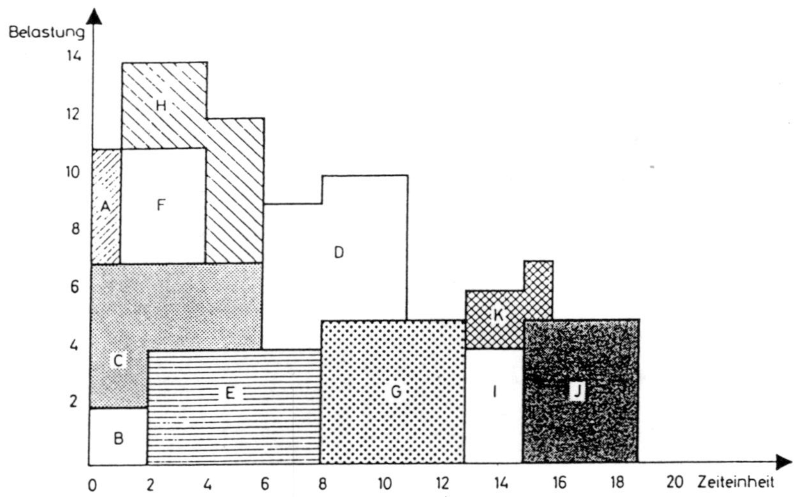

Maßnahmen für einen Belastungsausgleich

Folgende Maßnahmen charakterisieren einen Belastungsausgleich:

1. Verschiebung bzw. Dehnung von nicht-kritischen Vorgängen innerhalb der Pufferzeit
2. Erhöhung der Einheiten (Personal, Maschinen etc.)
3. Verschiebung bzw. Dehnung von kritischen Vorgängen unter Akzeptanz der Verschiebung des Endtermins.
4. Vorgänge an externe Firmen vergeben.

Belastungsdiagramm nach Belastungsausgleich

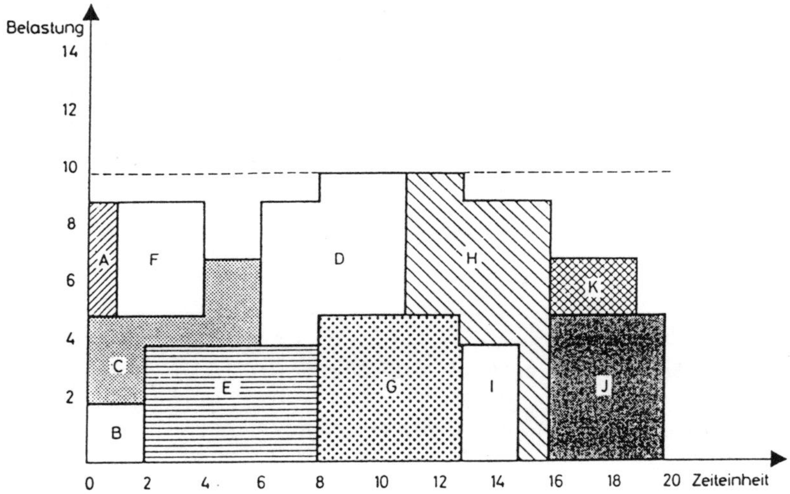

Anmerkung

Termin- und Kapazitätsplanung sind aufgrund von Rückkopplungseffekten in der Praxis nicht getrennt durchzuführen.

4.1.7 Verabschiedung der Projektvereinbarung

Projektvereinbarung

Zum Abschluß des Projekt-Vorlaufes sind die Projektziele, die Projektorganisation, der Projektablauf und der geplante Aufwand sowie die Termine vom Auftraggeber zu prüfen, ggf. sind Änderungen zu veranlassen und der Projektplan ist zu verabschieden, d.h. das Projekt ist zu starten [vgl. Heeg 1993, 172f].

4.1.8 Durchführung eines Kick-Off-Meetings

Funktion

Mit Hilfe eines Kick-Off-Meetings kann ein Projekt umfassend und schnell definiert und geplant werden [Heeg 1993, 174f].

Vorbereitung eines Kick-Off-Meetings

Erstgespräch mit dem Auftraggeber: Projektidee spezifizieren, eine vorläufige Projektgruppe bestimmen, Termin für ein Kick-Off-Meeting festlegen.

Kick-Off-Meeting planen und zu diesem einladen. Von Bedeutung ist, daß den Teilnehmern der Inhalt und die Zielsetzung des Meetings bekannt ist und das diese wissen, was von ihnen erwartet wird.

Durchführung eines Kick–Off–Meetings

Bei der Durchführung eines Kick–Off–Meetings sind folgende Aspekte zu beachten:

1. **Vorstellungsrunde**
   Die TeilnehmerInnen stellen sich gegenseitig vor (Name, Position, Rolle im Projekt). *Methoden:* Partnerinterview, Plakat zeichnen, etc.

2. **Ziel, Tagesordnung und Dauer des Meetings festlegen**
   Was soll heute erreicht werden? (nicht inhaltlich!) Was ist zu tun? Wer gibt den Einstieg? Wieviel Zeit soll für die einzelnen Tagesordnungspunkte verwendet werden?

3. **Probleme definieren**
   Was ist das Problem? In welchen Bereichen gibt es Probleme? Welche? In welchen nicht? Was soll verbessert werden?
   Methoden: Kartenabfrage, Problemspeicher, Zuruf, ...

4. **Analyse der Problemursachen und Verbesserungsvorschläge**
   Was ist das Problem? In welchen Bereichen gibt es Probleme? Was wurde bisher unternommen, um die Probleme zu beseitigen? Mit welchem Erfolg? Was soll verbessert werden? *Methoden:* Gruppenarbeit, Kartenabfrage, Brainstorming, Methode 635, Progressive Abstraktion, Sukzessive Integration, Sequentielle Morphologie.

5. **Projektziele festlegen**
   Welche Ziele sollen verfolgt werden? Oberziele finden! Ziele bewerten: Was sind Muß–, Soll– und Kann–Ziele? *Methoden:* Kartenabfrage, Konsensmethode, Klebepunkte, Zuruf, Brainstorming, Sequentielle Morphologie.

6. **Welche Randbedingungen sind zu beachten?**
   Kosten, Hardware, Händler, Betriebssystem etc.

7. **Mögliche Probleme bei der Projektabwicklung**
   Pro–Contra–Übung: Zwei Gruppen bilden (Pro und Contra–Gruppe); jede Gruppe präsentiert ihre Argumente, die der Moderator dokumentiert; anschließend tauschen die Gruppen ihre Rolle. Aus den Argumenten sind im Plenum Oberpunkte zu bilden, zu bewerten und in Gruppenarbeit Lösungsvorschläge zu erarbeiten.

8. **Projektorganisation festlegen**
   Projektgruppe, Lenkungsausschuß und Qualitätssicherungsgruppe. Wer ist betroffen? Wer sollte? Wer will? Verantwortlichkeiten und Kommunikationswege sind festzulegen (Wer ist, wie, wann und wo zu informieren?)

9. **Projektplan erstellen**
   Arbeitspakete festlegen: Welche Tätigkeiten sind durchzuführen? *Methoden:* Zuruf, Gruppenarbeit zu einzelnen Projektaufgaben.

10. **Logische Reihenfolge festlegen**

11. **Dauer der Arbeitspakete kalkulieren**
    Methoden: mit der Delphi–Methode oder der Methode 635 Dauer der Vorgänge schätzen. Dieses muß nicht unbedingt im Kick–Off–Meeting geschehen.

12. **Projektvereinbarung erstellen**
    Zusammenfassung des bisherigen; Verabschiedung der Ergebnisse des Kick– Off–Meetings. *Methoden:* Konsensbildungsmethode bzw. sukzessive Integration, Zusammenfassung der Projektvereinbarung auf Zuruf.

Nachbereitung des Kick–Off–Meetings

Ergebnisprotokoll anfertigen, versenden und von den Teilnehmern korrigieren lassen.

Die Auftraggeber treffen eine Projektentscheidung

Abschließende Bemerkung

Ziel des Meetings ist es eine gemeinsame Projektspezifikation zu erstellen, offene Probleme zu identifizieren und teilweise verschiedene Lösungsansätze zu benennen. Ziel muß es sein, die inhaltlichen Stringenz zu sichern und sich nicht unter Zeitdruck auf eine Lösung zu verständigen. Eine Projektorganisation ist festzulegen; ein Projektplan ist zu erstellen und es ist zu entscheiden, wer warum welche Aufgaben durchführt. Da die Moderationsmethode ein offenes Verfahren ist, ist der genaue Ablauf des Meetings nicht im voraus planbar; Der Zeitrahmen des Kick–Off–Meetings wird von der Gruppen– und Problemstruktur bestimmt.

4.1.9 Warum ist Planung notwendig?

Die Praxis der Planung

Annahmen über die Zukunft sind immer vorhanden: Planung macht sie explizit, handhabbar und veränderbar!

Planung gibt das „Gefühl", der Kontrolle über die Vorgänge (objektivierbar, berechenbar, steuerbar).

Mit Hilfe von Planung kann die Aufmerksamkeit auf ein Projekt zentriert werden; Sie dient dem Marketing des Projekts.

Planung ermöglicht die Reduzierung von Unsicherheit in Unternehmen. Aus der Vielzahl von Alternativen, die einer Organisation zur Verfügung stehen, erfolgt im Rahmen der Planung eine Auswahl.

Planung ist somit nicht das Produzieren von Informationen in Schriftform, sondern Planung ist vielmehr ein sozialer Prozeß zur Entscheidungsfindung.

Aus diesem Grund,

- wird die Planung effizienter, wenn die Betroffenen integriert sind,
- kommt es in der Praxis häufig zu Abweichungen zwischen Planung und Ausführung
- sind Projektkontrollen und -nachkalkulationen in der Praxis eher die Ausnahme.

4.1.10 Präsentation

Im Rahmen von Projekten ist die Präsentation eine wichtige Aufgabe des Projektleiters. Konzeptionen, Lösungen, Entscheidungen sind zu- und abstimmungsbedürftig: Vorgesetzte und Kritiker wollen überzeugt werden. Die Leistung des Projektteams müssen *„verkauft“* werden und eine Präsentation ist die *Verkaufsveranstaltung.*

Folgende Checkliste liefert Anhaltspunkte für die Vorbereitung einer Präsentation [vgl. Mandel 1991]:

Checkliste Präsentation

1. **Ziel der Präsentation**
   Überzeugen oder informieren? Ziel schriftlich festlegen! Ist das Ziel realistisch? Ggf. überarbeiten.

2. **Vorgeschichte der Präsentation**
   Was ist aus der Vorgeschichte des Projekts für die Präsentation von Bedeutung? Für das Ziel, die Inhalte, die Beziehung (Ich und das Publikum) und die Selbstdarstellung?

3. **Für wen will ich präsentieren?**
   Wer nimmt teil? Was wird von der Präsentation erwartet? Wer ist wie betroffen?

4. **Inhalte sammeln:**
   Was gehört im weitesten Sinne zur Präsentation?

5. **Inhalte auswählen**
   Was wird benötigt, um das Ziel zu erreichen, das Publikum anzusprechen und den geplanten Zeitrahmen nicht zu überschreiten?

6. **Inhalte gewichten**
   Was sind die Kernaussagen? Welche Informationen sind in jedem Fall zu präsentieren?

7. **Kernaussagen gestalten**
   Die Kernaussagen sind so zu konzipieren, daß die Reihenfolge ein optimales Verstehen und eine wirksame Überzeugung ermöglicht und daß die wichtigsten Aussagen und Argumente durch Visualisierungen unterstützt werden.

8. **Aufbau der Präsentation**

   - Einleitung: Begrüßung; Überblick über die Präsentation; Ziel der Präsentation.
   - Hauptteil: Aussagen und Argumente in der vorbereiteten Reihenfolge.
   - Schlußteil: Zusammenfassung der wichtigsten Inhalte; Schlußappell (z.B. zum Handeln, Denken, Diskutieren).

9. **Präsentationsmanuskript**

   - Stichworte–Manuskript
   - Einleitung und Schluß schriftlich ausformulieren.
   - Persönliche Regieanweisungen notieren! Pause machen; Folie nicht entfernen etc.

10. **Visualisierung**
    Visualisierungen zum Thema, Ablauf der Veranstaltung, Kernaussagen, schwierige Zusammenhänge etc. anfertigen.

11. **Persönlichen Bezug formulieren**
    Was haben Sie ganz persönlich mit der Sache zu tun?

12. **Fragen in der Diskussionsrunde**
    Konzipieren Sie Fragen, die Sie an das Publikum stellen. Welche Fragen und Einwände können an Sie gerichtet werden?

13. **Nachbereitung**
    Wurde das Präsentationsziel erreicht? ist bei der nächsten Präsentation noch zu verbessern?

4.2 Projekt–Abwicklung

Struktur der Projekt–Abwicklung

Mit der Projektabwicklung sind folgende Aufgabenbereiche verbunden:

1. Projektaktivitäten veranlassen
2. Projektaktivitäten koordinieren
3. Projektstatus überprüfen
4. Projektplan anpassen
5. Projekt auswerten

Projektaktivitäten veranlassen

Die geplanten Projektaktivitäten werden von der/dem ProjektleiterIn gemäß Projektplan veranlaßt bzw. selbst durchgeführt.

Das heißt:

1. Mit den betroffenen Projektbeteiligten ist eine Vereinbarung über die durchzuführenden Aktivitäten zu treffen: Hierbei sind schwerpunktmäßig die **Ziele, das Vorgehen, das erwartete Ergebnis, der Aufwand** und **die Termine** der Aktivitäten gemeinsam festzulegen.
2. Für die erfolgreiche Projekt–Abwicklung ist es notwendig, daß die betroffenen Projektbeteiligten den so vereinbarten Aktivitäten zustimmen. Verhandeln steht vor Anordnen!
3. Den Beteiligten sind Hintergrundinformationen zur Verfügung zu stellen, damit die „Sinnhaftigkeit“ der Aufgabe erkannt wird (Motivation, Qualität). Hintergrundinformationen sind vor allem übergreifende Ziele und Abhängigkeiten von und mit anderen Aufgaben.

4. MitarbeiterInnen sind an der Planung der Durchführung und der Ausführung des Projekts aktiv zu beteiligen. Damit unterliegen die erzielten Ergebnisse einer ständigen Selbstkontrolle. Dieses hat den Vorteil, daß von den MitarbeiterInnen schon in der Planungsphase ein gemeinsames Aufgabenverständnis entwickelt wird.

5. Die Ressourcen, die für die korrekte Durchführung der Aktivitäten benötigt werden, sind zur Verfügung zu stellen. Dazu gehören Geräte, Räume und Kommunikationsmöglichkeiten.

Projektaktivitäten koordinieren

Bei arbeitsteiliger, zielorientierter Projektarbeit entsteht Koordinationsbedarf.

Koordinieren bedeutet Erkennen und Gestalten der Schnittstellen zwischen den einzelnen Teilprojekten.

Die Anzahl der Schnittstellen steigt mit der Größe und der Komplexität des Projektes.

Die Koordination wird erleichtert, wenn in regelmäßigen Abständen Koordinationssitzungen durchgeführt werden. Die Basis eines solchen Meetings kann eine Checkliste sein, die folgende Punkte enthalten sollte:

- Tätigkeiten
- definierte Ergebnisse der Tätigkeiten
- Abhängigkeiten zwischen den Tätigkeiten
- Verantwortlichkeiten
- Termine
- Hilfsmittel
- Weiteres Vorgehen

Projektstatus überprüfen

Nach Abschluß von einzelnen Projektaktivitäten wird aufgrund der vorliegenden Arbeitsergebnisse der Projektstatus überprüft. Dabei werden die realen Ergebnisse mit denen im Projektplan verglichen.

Der Projektstatus ist regelmäßig in Projektsitzungen zu überprüfen, in denen alle MitarbeiterInnen über den Stand ihrer Aufgaben berichten.

Folgende Schritte sind durchzuführen:

1. Die geplanten Größen: *Ziele, Ergebnisse, Vorgehen, Aufwand, Termine und Projektorganisation* werden mit ihren Ist–Ausprägungen verglichen.

2. Bei qualitativen Abweichungen werden Nachbesserungen veranlaßt.

3. Ist eine Nachbesserung nicht in einem vertretbaren Zeit/Budgetrahmen zu erreichen, so sind die erwarteten Konsequenzen auf dem Berichtsweg an den Lenkungsausschuß weiterzuleiten.

4. Ergeben sich hieraus größere Änderungen der Planung, sollte der/die ProjektleiterIn einen Änderungsvorschlag formulieren.

Ursachen von Projektabweichungen

Projektabweichungen können folgende Ursachen haben [vgl. Litke 1991, 62ff]:

- Ungenaue Abgrenzungen des Projekts: d.h., es werden Arbeiten durchgeführt, die für den Erfolg des Projekts nicht nötig sind bzw. projektfremde Kosten dem Projekt zugerechnet.

- Unkontrollierte Erweiterungen der Zielsetzungen: d.h. nachträglich wird mehr gefordert, als festgelegt wurde.

- Die Schätzungen wurden unrealistisch tief angesetzt.

- Die Schätzungen wurden absichtlich zu tief angesetzt, um das Projekt bzw. einen Auftrag zu erhalten.

- unvorhersehbare technische Schwierigkeiten.

Projektplan anpassen

Ist die Erfüllung des Projektplans gefährdet, entsteht Handlungsbedarf.

Änderungen des Projektplans müssen als selbstverständlicher und normaler Teil des Projektmanagements verstanden werden. Probleme sind frühzeitig zu identifizieren und zu thematisieren; sie können sonst im zeitlichen Ablauf des Projekts „unlösbar" werden.

Folgende Aspekte sind bei der Anpassung des Projektplans zu berücksichtigen:

1. Ziele, Organisation, Arbeitspakete, Termine und Kosten können sich situationsbedingt verändern.
2. Änderungen sind in Absprache mit allen betroffenen Beteiligten zu treffen: Lenkungsausschuß, Kunden, AuftraggeberInnen, MitarbeiterInnen.
3. Änderungen der Planung sollten durchgängig ausgeführt werden, weil Änderungen an einer Stelle der Projektplanung Änderungen an anderen Stellen induzieren.

Projekt auswerten

Am Ende eines Projektes erstellt der/die ProjektleiterIn einen Erfahrungsbericht. Dieser wird anderen Projektgruppen zwecks eines Erfahrungsaustausches zur Verfügung gestellt. Hierdurch werden Lernprozesse hinsichtlich des Projektmanagements initiiert, sodaß sich das Projektmanagement in der Organisation ständig verbessert.

Der Bericht sollte folgende Punkte umfassen:

- Projektziele
- Kritische Erfolgsfaktoren
- Problembereiche im Projektverlauf
- Welche Maßnahmen wurden mit welcher Wirkung eingeleitet?
- Was würde der/die ProjektleiterIn beim nächsten Projekt verändern? Was nicht?

5. Die Organisationsdimension des Projektmanagements

5.1 Einführung und Verbesserung des Projektmanagements

Organisations-dimension

Die Einführung und Veränderung von Projektmanagement verändert die Kommunikations- und Interaktionsbeziehungen sowie die Strukturen der betreffenden Organisation (Dimension der Organisationsentwicklung).

Veränderungen des Projektmangements verändern vor allem das Verhältnis der Projektorganisation zur übrigen Organisation, was zu Konflikten und Widerständen führen kann.

Relation der Projektorganisation zur übrigen Organisation

Es können drei Grundformen der Beziehung von Projekten zur Organisation unterschieden werden [vgl. Mehrmann/Wirtz 1996, 79ff]:

1. **Reine Projektorganisation**
   Alle Beteiligten werden zu einer Einheit zusammengefaßt: Sie arbeiten nur für das Projekt und sind *nur* dem Projektleiter unterstellt.

2. **Projektkoordination**
   Die funktionale Hierarchie in der Organisation bleibt erhalten; sie wird lediglich durch einen Projektkoordinator ergänzt. Er hat keine Entscheidungs- und Weisungsbefugnis; er beobachtet lediglich den Projektverlauf und berät die Führungskräfte.

3. **Matrix–Projektorganisation**
   Verantwortung und Kompetenzen werden zwischen dem Projektleiter und den Linieninstanzen aufgeteilt: z.B. nach was (Inhalt), wann (Zeit), wer(personelle Arbeitszuordnung), wie (Methoden), wo (Ort). Eine mögliche Abgrenzung ist: Projektleiter (was, wann) Fachabteilungen (wer, wie, wo, womit).

Vor– und Nachteile der verschiedenen Projektorganisationen

Reine Projektorganisation

Vorteile	Nachteile
einheitliche Führung	beim zeitweisen Einsatz von Mitarbeitern sind Konflikte mit deren Vorgesetzten nicht auszuschließen
schnelle Reaktionsmöglichkeit	Rekrutierung von Mitarbeitern wird schwierig
hohes Verantwortungsgefühl der/des Projektleiters	

Projektkoordination

Vorteile	Nachteile
hohe Flexibilität	geringere Reaktionsgeschwindigkeit
hoher Erfahrungsaustausch	Probleme werden nicht über die Abteilungsgrenzen hinaus gelöst
keine organisatorische Umstellung notwendig	keine Gesamtverantwortung für das Projekt

Matrixorganisation

Vorteile	Nachteile
Projektleiter fühlt sich verantwortlich	Kompetenzkonflikte
flexibler Personaleinsatz	Verunsicherung von Vorgesetzten und Mitarbeitern (Weisungsbefugnis?)
zielgerichtete Koordination	hoher Kommunikationsaufwand
ganzheitliche Betrachtungsweise	höhere Qualifikationsanforderungen
bewußte Konfliktbewältigung auf einer mittleren Führungsebene	—

Veränderung des Projektmanagements

Die Einführung bzw. Verbesserung des Projektmanagements hat Auswirkungen auf alle Ebenen der Organisation (Individuen, Abteilungen, Gesamtorganisation).

Werden diese Auswirkungen nicht ausreichend berücksichtigt, können die Widerstände gegen die Veränderungen die Einführung bzw. Veränderungen des Projektmanagements unmöglich machen.

Stellen Sie sich folgende Fragen, wenn Veränderungen des Projektmanagements geplant sind:

1. Was sind die zentralen Probleme, bei deren Lösung sich das Projektmanagement stark verbessern würde? Stellen sie eine Rangfolge auf!

2. Wie sieht ihre Soll–Vorstellung zu diesen Punkten aus?

3. Welche Faktoren beeinträchtigen die Idealvorstellung? Stellen Sie eine Rangfolge auf!

4. Welche Faktoren fördern die Idealvorstellung? Stellen Sie eine Rangfolge auf!

5. Machen Sie Vorschläge zur Verbesserung! Beispielsweise können hemmende Faktoren beseitigt, fördernde Faktoren unterstützt werden.

6. Wer wäre von der Umsetzung der Vorschläge in welcher Form betroffen?

7. Wer würde und könnte Sie bei der Umsetzung unterstützen? Wer würde die Veränderung blockieren? Wie würde die Unterstützung bzw. der Widerstand aussehen?

Machen Sie einen Vorschlag zur Umsetzung der Verbesserungen, planen Sie das Vorhaben und identifizieren Sie Unklarheiten, Widersprüche und Konflikte!

Kritische Erfolgsfaktoren

Was sind die kritischen Erfolgsfaktoren des Projektes?

Kritische Erfolgsfaktoren eines Projekts sind nach Kepplinger [1992, 99ff] die Faktoren, an denen das Projekt scheitern könnte, wie etwa

1. mangelnde Top–Management Unterstützung
2. unklar vereinbarte Projektziele
3. nicht–ausreichende Projektplanung und Kontrolle
4. nicht–problemadäquate Zusammensetzung des Projektteams (Teamgeist und Motivation)
5. unpassender oder fehlender Methodeneinsatz
6. es wird kein Konsens auf der Sach– und/oder sozialen Ebene erzielt.
7. keine oder schlechte Ausbildung der Projektbeteiligten.
8. fehlende und/oder diffuse Kommunikation
9. ...

Fehler bei der Einführung von Projektmanagement

- Man beginnt „halbherzig". (Geringe Motivation)
- Projektmanagement nur als abstrakte Empfehlungen
- Man stellt Projekten zu wenig Zeit, Raum und Geld zur Verfügung.
- Es wird versucht, Projekte möglichst bruchlos in die bisherige Organisation einzupassen (Organisatorische Eigeninitiativen werden unterdrückt.) und die bestehende Organisationssituation wird ignoriert.
- Projektgruppen werden eingesetzt, obwohl die Aufgabe auch von der bisherigen Organisation gelöst werden kann. Kurz: Es wird versucht, alles mit Projektmanagement zu lösen.
- Vorgesetzte vermeiden eine eindeutige Entscheidung für das Projektmanagement. (Geringe Unterstützung, Vermeidung von Verantwortlichkeit). Die Einführung des Projektmanagements wird nur unzureichend durch vorgesetzte Hierachieebenen unterstützt.
- Es wird vermieden, klare Zuständigkeiten, Verantwortlichkeiten und organisatorische Selbständigkeit für das Projekt zu schaffen
- Projektmanagement wird ohne vorbereitende Analysen eingeführt (Widerstände, Organisationsveränderungen, Qualifikationsbedarf, Kosten, etc.)
- ProjektleiterInnen sind nur unzureichend auf ihre Aufgabe vorbereitet Projektleiterqualifikation $\neq$ Abteilungsleiterqualifikation
- MitarbeiterInnen sind nur unzureichend auf die Projektarbeit vorbereitet Anforderungen an Projektmitglieder $\neq$ Anforderungen an Sachbearbeiter (z.B. Komplexität der Problemstellungen, selbständiges Arbeiten)
- Überbewertung von externen ExpertInnen.
- Auswahl von Projektmitgliedern wird nicht begründet, was zu „Gerüchten" und Widerständen unter den MitarbeiterInnen führen kann.

Einführung des Projektmanagements

Die Einführung oder Verbesserung des Projektmanagements ist selbst ein Projekt und unterliegt denselben Regeln:

- Erfolgskritische Faktoren, wie Kommunikation, Führung und Motivation sind durchgängig zu beachten: Existieren Kommunikationsprobleme oder Informationsdefiziete? Sind negative Erfahrungen gemacht worden? Wird partizipativ vorgegangen?

- Die Probleme sind aus den verschiedenen Sichtweisen zu definieren! Eine Ist–Analyse ist durchzuführen und es ist festzustellen, wer welche Probleme wie definiert.

- Die Interessen, die hinter den identifizierten Problemen stehen, sind abzuschätzen: Es ist eine strategische Organisationsanalyse durchzuführen.

- Das Projekt ist mit den Betroffenen zu definieren: Zielsetzung, Verantwortlichkeiten, Soll–Konzeption (Problemlösungsmethoden), Ressourcen, Planung etc. (Kick–Off–Meeting).

- Die Weiterbildung der Projektmitarbeiter ist sicherzustellen!

- Die Projektdefinition ist auf Unklarheiten, Widersprüche und erkennbare Konflikte, etc. zu überprüfen! Diese sind ggf. so weit wie möglich zu eliminieren bzw. zu verbessern (Verhandlung).

- Sind folgende Informationen den Betroffenen bekannt und akzeptieren sie diese: Sinn und Hintergründe des Projekts; einzelne Maßnahmen des Projekts; Vorgehensweisen, Zeitrahmen; Qualifikationsanforderungen ...

- Nehmen Sie Widerstände ernst: Haben Sie etwas übersehen? Gibt es noch Lösungsalternativen, deren Akzeptanz höher ist?

- Wollen Sie das Projekt *so* durchführen? Wo liegt Ihre BATNA?

- Beachten Sie bei der Realisierung des Projekts nicht nur die Sachdimension, sondern auch die soziale Dimension und sich selbst (Balance).

- Behalten Sie die kritischen Erfolgsfaktoren im „Auge“!

- Denken Sie an die kontinuierliche Anpassung der Planung. Wo liegen die Ursachen für Abweichungen?

- Lassen Sie sich größere Veränderungen vom Lenkungsausschuß offiziell bestätigen und nehmen Sie somit Ihre Vorgesetzten in die Pflicht!

- Werten Sie das Projekt nach Beendigung aus! Was lief gut, was nicht? Woran lag es? Was sollte noch verbessert werden?

5.2 Die Engpaß–Konzentrierte Strategie (EKS)

Eine Projektmanagementunterstützende Strategie der Organisationsveränderung (Unternehmen, Abteilung, Projekte, MitarbeiterInnen) ist die Engpaß–Konzentrierte Strategie[1] (EKS) [vgl. Friedrich/Seiwert 1994].

Gegenstand

Zielrichtung der Engpaß–Konzentrierten Strategie (EKS) ist es, durch Spezialisierung und Konzentration seiner Kräfte Spitzenleistungen zu erzielen, da durch den nicht–koordinierten Einsatz von Ressourcen nur durchschnittliche Leistungen erbracht werden.

„Ein Hund, der viele Hasen jagt, fängt letztendlich keinen!“ (Jägerweisheit)

Durch die Konzentration auf den wirkungsvollsten Punkt (Engpaß) kann mit geringem Kräfteeinsatz ein optimales Ergebnis erzielt werden.

„Die Kunst des Managements liegt gerade darin, in der Masse der Probleme das Kernproblem zu erkennen, das mit allen anderen Problemen verknüpft ist.“ (Friedrich/Seiwert)

Folgende 7 Arbeitsschritte sind die Basis der Engpaß–Konzentrierten Strategie:

1. Stärken ermitteln!

2. Erfolgversprechendes Aufgabenfeld auswählen!

3. Erfolgversprechende Zielgruppe identifizieren!

4. Vorrangiges Problem der Zielgruppe ermitteln!

5. Problemlösung entwickeln!

6. Kooperationen eingehen!

[1]EKS ist ein geschütztes Warenzeichen der Frankfurter Allgemeine Zeitung GmbH.

7. Konstantes Grundbedürfnis hinter dem vorrangigem Problem analysieren!

Stärken ermitteln

Das Stärkenprofil resultiert aus der Beantwortung folgender Fragen: Was tue ich gerne? Was tue ich gut? Was schätzen andere an mir?

Ermittlung des Stärkenprofils:

1. Brainstorming über die Stärken (Person, Projektteam oder Abteilung)!
2. Die wichtigsten Stärken intuitiv auswählen!
3. Wie stark sind die Stärken im Verhältnis zur Bezugsgruppe?
4. Wie bewertet die Zielgruppe (s.u.) diese Stärken?
5. Arbeiten Sie die zentralen Stärken heraus und erstellen Sie daraus ein Stärkenprofil!
6. Können Sie sich mit dem Ergebnis identifizieren? Wenn nein, dann durchlaufen Sie diesen Prozeß noch einmal!

Erfolgversprechendes Aufgabenfeld

Das erfolgversprechendste Aufgabenfeld ist dasjenige, in dem die Stärken voll zu Geltung kommen und auf dem eine ausreichende Nachfrage besteht!

1. Leiten Sie aus dem Stärkenprofil möglichst viele Arbeitsbereiche ab!
2. Je enger der Arbeitsbereich ist, desto schneller haben Sie Erfolge (Motivation)! Der Arbeitsbereich kann später unter Fokussierung auf die eigenen Stärken ausgedehnt werden.
3. Wählen Sie intuitiv die erfolgversprechendsten Bereiche aus!

Erfolgversprechenste Zielgruppe

Ihre Leistungen sind nicht für abstrakte Aufgaben, sondern für Menschen (Zielgruppe) bestimmt:

1. Erfassen Sie möglichst viele Zielgruppen, wie beispielsweise: Käufergruppen, Vorgesetzte, MitarbeiterInnen ...
2. Suchen Sie intuitiv die erfolgversprechendsten Zielgruppen aus!
3. Bewerten Sie die Zielgruppen nach
   - Bedarf ihrer Leistung
   - Ihren Kontakt zu der Zielgruppe
   - der Zielgruppe, der Sie den größten Nutzen bieten!

Problemhierachie

1. Erfassen Sie die Probleme der Zielgruppe, die mit Ihrer Leistung verknüpft ist!
2. Selektieren Sie die Probleme nach ihrer Dringlichkeit!
3. Bewerten Sie die Probleme nach den Kriterien: Dringlichkeit aus Sicht der Zielgruppe und danach, welche Probleme Sie am besten und schnellsten lösen können!

Problemlösung entwickeln

s. Problemlösen

Kooperationen eingehen

Finden Sie für Ihre Problemlösung einen optimalen Kooperationspartner, dessen Stärken komplementär zu den eigenen Stärken sind (Synergie–Effekt) und dessen Ziele mit den eigenen Zielen übereinstimmen!

„Wer alleine arbeitet, addiert – Wer zusammen arbeitet, multipliziert!“ (Orientalische Weisheit)

Es ist für das Projekt förderlich, die ProjektmitarbeiterInnen entsprechend ihren Stärken und Schwächen einzusetzen.

Konstantes Grundbedürfnis

Welches konstantes Grundbedürfnis steht hinter dem größten Problem der Zielgruppe? Diese Frage wird durch progressive Abstraktion (s.o.) gelöst: Was steckt dahinter? Worum geht es eigentlich?

Es ist das Ziel, das *eigentliche* Problem zu fokussiern. So geht es nicht darum, den Lenkungsauschuß eines Projekts mit Informationen zu versorgen, sondern zielorientiert die Entscheidungsgrundlage zu verbessern. Durch Prioritäten bei der Auswahl von Informationen, wird dieses konstante Grundbedürfnis besser befriedigt!

Formulieren Sie einen Leitsatz für das konstante Grundbedürfnis Ihrer Zielgruppe!

6. Literaturverzeichnis

Becker, H. u.a.: Produktivität und Menschlichkeit. Organisationsentwicklung und ihre Anwendung in der Praxis. Stuttgart 1990.

Bickmann, R.; Schad, M.: Integratives Management. Das Ende des Thomas–Prinzips. München 1995

Böning, U.: Moderieren mit System: Besprechungen effizient steuern. Wiesbaden 1991

Boos, M. u.a.: Drei Modelle der Führung und Zusammenarbeit beim Umgang mit komplexen Problemen. In: Fisch, R. u.a.: Vom Umgang mit Komplexität in Organisationen. Konstanz 1990.

Bracey, H. u.a.: Basic Management: An Experience–Based Approach. Dallas 1977

Brander, S. u.a.: Denken und Problemlösen. Einführung in die kognitive Psychologie. Opladen 1985

Brommer, U.: Konfliktmanagement statt Unternehmenskrise. Zürich 1994

Buzan, T., Buzan, B.: The Mind–Map–Book. Radiant–Thinking: The Major Evolution in Human Thought. London 1995

Buzan, T.: Kopftraining. Anleitung zum kreativen Denken. München 1984

Corsten, H., Will, T.: Unternehmensführung im Wandel. Strategien zur Sicherung des Erfolgspotentials. Stuttgart 1995

Crozier, M., Friedberg, E.: Macht und Organisation, Königsstein /Ts. 1979.

Dörner, D.: Die Logik des Mißlingens. Strategisches Denken in komplexen Situationen. Reinbeck 1989.

Dörner, D.: Von der Logik des Mißlingens. In: Fisch u.a. 1990

Fisch, R. u.a.: Vom Umgang mit Komplexität in Organisationen. Konstanz 1990.

Fisher, R., Ury, W.: Das Harvard–Konzept. Frankfurt 1991.

French, W.L u.a.: Organisationsentwicklung . Bern 1990

Friedrich, K., Seiwert, L.J.: Das 1x1 der Erfolgsstrategie. Der sichere Weg zu konkurrenzlosen Spitzenleistungen. München 1994

Hamann , Huber: Coaching: Der Vorgesetzte als Trainer. Darmstadt 1991

Hamel, G., Prahalad, C.K.: Wettlauf um die Zukunft. Wien 1995

Hansel, J., Lomnitz,G.: Projektleiter-Praxis. Berlin 1993

Hartmann, M. u.a.: Präsentationen: Zielgerichtet und Adressatenorientiert. Weinheim 1991.

Heeg, F.J.: Projektmanagement. Grundlagen der Planung und Steuerung von betrieblichen Problemlösungsprozessen. München 1993

Heintel, P., Krainz, E.: Projektmanagement. Wiesbaden 1990.

Heuer, G.C.: Projektmanagement. Planung und Steuerung komplexer Vorhaben in Phasen und Stufen. Würzburg 1979

Hub, H.: Unternehmensführung. Wiesbaden 1982

Hunt, D., Hait, P.: Das Tao der Zeit. Erfolgreiches Zeitmanagement. Düsseldorf 1992

Jungbluth, V.: Teamarbeit: Projekt-Management-Systeme im Vergleich. In: CT: Magazin für Computertechnik 10, 1995

Keplinger, W.: Erfolgsmerkmale im Projektmanagement. In: Zeitschrift für Führung und Organisation (ZfO) 2 1992

Knicker, T.: Betrieb, Individuum und Strategie. Zum Erklärungswert neuer industrie-, berufs- und organisationssoziologischer Ansätze für die Analyse betrieblicher Strukturen und Prozesse. Aachen 1983.

Knieß, M.: Kreatives Arbeiten. Methoden und Übungen zur Kreativitätssteigerung. München 1995

Kummer, W. u.a.: Projekt Management. Leitfaden zu Methode und Teamführung in der Praxis. Zürich 1993

Kutschera, G., Bachler, P.: Resonanz lernen mit NLP: Handbuch für Multilevel-Kommunikation.

Langmaack, B. u.a.: Wie die Gruppe laufen lernt. München 1989.

Langmaack, B.: Themenzentrierte Interaktion. Weinheim 1991

Litke, H.D.: Projektmanagement: Methoden, Techniken Verhaltensweisen. München 1991

Lüer, G., Spada, H.: Denken und Problemlösen. In: Spada, H.: Allgemeine Psychologie. Bern 1990

Mandel, S.: Präsentationen erfolgreich gestalten. Wien 1991

March, J.G., Simon, H.A.: Organisation und Individuum: Menschliches Verhalten in Organisationen. Wiesbaden 1976

Marmet, O.: Ich und du und so weiter. Kleine Einführung in die Sozialpsychologie. München 1988

Mehrmann, E., Wirtz, T.: Effizientes Projektmanagement: Erfolgreich Konzepte entwickeln und realisieren. Düsseldorf 1996

Nerdinger, F.W. u.a.: Führung in kritischen Zeiten. Sind deutsche Manager für die Zukunft gerüstet? In: Psychologie Heute (12) 1993

Neuberger, O.: Arbeit: Begriff – Gestaltung – Motivation – Zufriedenheit. Stuttgart 1985

Neuberger, O. u.a.: Individuelles Handeln und sozialer Einfluß. Einführung in die Sozialpsychologie. Opladen 1985.

Ortmann, G. u.a.: Computer und Macht in Organisationen. Mikropolitische Analysen. Opladen 1990

Paschen, H.: Kommunikation. München 1978

Probst, G.J.B.: Organisation, Strukturen, Lenkungsinstrumente, Entwicklungsperspektiven. Landsberg am Lech 1993

Reschke, H. u.a. (Hrsg.): Handbuch Projektmanagement 2Bde. Köln 1989

Sackmann, S.: Wie gehen Spitzenführungskräfte mit Komplexität um? In: Fisch u.a. 1990

Schulz von Thun, F.: Miteinander reden, Störungen und Klärungen. Reinbeck 1981.

Schlicksupp, H.: Kreative Ideenfindung in der Unternehmung. Berlin 1977

Schmalen, H.: Grundlagen und Probleme der Betriebswirtschaft. Köln 1993

Silverman, D.: Theorie der Organisationen. Wien u.a. 1972.

Silvermann, D.: Formale Organisationen oder Industriesoziologie: Auf dem Wege zu einer sozialen Handlungsanalyse von Organisationen. In: Fürstenberg, F. (Hrsg): Industriesoziologie 2, Darmstadt 1974.

Spranger, R.: Vom Glauben an die Motivation. In: Management Wissen (1) 1989

Spranger, R.: Mythos Motivation: Wege aus der Sackgasse. Frankfurt a.M. 1992

Steinle, C. u.a.: Projektmanagement: Instrument moderner Dienstleistung. Frankfurt a.M. 1995

Stroebe, R., Stroebe, G.: Grundlagen der Führung. Heidelberg 1979

Stroebe, R., Stroebe, G.: Motivation. Heidelberg 1979

Stroebe, R.: Kommunikation I. Heidelberg 1987

Stroebe, R.: Kommunikation II. Heidelberg 1988

Stürzel, W.: Business Reengineering in der Praxis. Paderborn 1996

Thoman, C., Schulz von Thun, F.: Klärungshilfe. Reinbeck 1988

Töpfer, A.: Planungs- und Kontrollsysteme industrieller Unternehmungen. Berlin 1976

Ulrich, P. u.a.: Management. Bern 1979.

Ulsamer, B.:Macht oder Kooperation. In: Management und Seminar. 3/1995

Ury, W.: Getting Past No. New York 1993

Voelkner, J.: Planungsmethoden in Verwaltung und Wirtschaft. Bonn 1992.

Watzlawik, P. u.a.: Menschliche Kommunikation. Formen, Störungen, Paradoxien. Bern 1985

Weiling, L.: So machen Sie mehr aus Ihrer Zeit. Sinnvolle Zeitplanung in Beruf, Familie und Freizeit. Freiburg 1989

Weiß, J.: Selbstcoaching: Persönliche Power und Kompetenz gewinnen. Paderborn 1990

Weltz, F. u.a.: Das Softwareprojekt. Projektmanagement in der Praxis. Frankfurt a.M. 1992

Wessels, M.G.: Kognitive Psychologie. München 1990

Zuschlag, B. u.a.: Konfliktsituationen im Alltag. Stuttgart 1989.